인간을 향한 로봇의 고백

프롤로그

"AI와 로봇이 우리 곁에 더욱 깊숙이 자리한 10년 후, 당신이 꿈꾸는 미래는 어떤 모습일까?" 이 질문은 단순한 상상이나 호기심을 넘어, 우리가 앞으로 살아갈 세상을 직접 설계하는 초대장이었다.

1권에서 우리는 로봇이 '인간'을 꿈꾸는 순간을 바라보았다. 낯설지만 따뜻한 시선으로, 로봇이 인간에게 배우고자 하는 열망과 그 여정을 따라갔다. 2권에서는 시선을 확장해, 로봇과 인간이 서로를 비추며 함께 '미래'를 꿈꾸는 이야기를 나누었다. 그 속에서 우리는 기술과 인간이 공존하는 풍경을 상상하고, 그 안에서 사람의 역할과 가능성을 발견했다.

그리고 이제, 3권에서는 그 미래를 '어떻게 설계할 것인가'를 묻는다. 미래는 그냥 오는 것이 아니라, 우리가 어떤 생각을 품고 어떤 선택을 내리는지에 따라 모양이 달라진다. AI와 로봇이 아무리 정교해져도, 그 방향을 결정하는 건 여전히 인간의 몫이다.

수업이 시작되던 날, 학생들의 눈빛에는 설렘과 두려움이 함께 비쳤다. AI와 로봇이 만들어갈 10년 후를 그려보라고 했을 때, 처음에는 머뭇거렸지만, 곧 그들의 상상 속 세계가 하나씩 펼쳐지기 시작했다. 처음에는 거칠었던 문장들이 시간이 흐를수록 단단해졌고, 이미지 속 인물과 배경은 점점 더 생생해졌다. 그 과정은 마치 비어 있던 도화지가 서서히 색과 빛을 찾아가는 것 같았다.

GPT는 단순한 기술이 아니었다. 그것은 상상을 불러내는 촉매제였고, 때로는 새로운 질문을 던지는 동반자였다. 학생들은 GPT와 대화를 나누며 아이디어의 씨앗을 심고, 그 씨앗이 문장과 이야기로 자라도록 가꿨다. 문장을 고치고 다듬는 일은 단순한 교정 작업이 아니라, 자기 자신을 들여다보고 미래를 재정의하는 과정이었다.

나는 그 옆에서 길을 안내하기도 했고, 때로는 한 발 물러서서 조용히 지켜보았다. 무엇보다 중요한 것은 학생 각자의 목소리가 끝까지 흔들리지 않도록 지켜주는 일이었다. 완벽한 문장을 쓰는 것보다, 그 문장 안에 그 사람의 숨결과 온기가 남아 있는 것이 더 소중하다고 믿었다.

이 책 속에는 하나의 미래가 아니라, 수많은 미래가 담겨 있다. 그 미래들은 아직 미완성이지만, 그렇기에 더 살아 있다. 어떤 미래는 기술이 삶을 가득 채운 세상을 그렸고, 또 어떤 미래는 인간의 감정과 연결이 중심이 되는 세상을 그렸다.

서로 다른 이야기들이 모여, 마치 별자리처럼 하나의 큰 그림을 이룬다.

나는 바란다. 이 책이 누군가에게는 아직 보이지 않는 길 위의 작은 불빛이 되기를. 그리고 이 책을 쓴 모든 이들이 자신이 그려낸 미래를 향해 담대히 걸어가기를.

비록 그 길이 때로는 험난할지라도, 그 길 끝에서 스스로 선택한 세상을 만날 수 있기를.

이 책은 그리고 이 시리즈는 단순한 글쓰기 프로젝트가 아니다. 이는 미래를 상상하고, 그 미래를 선택하고, 마침내 설계하는 사람으로 성장하는 여정의 기록이다. 그 여정을 함께 걸으며, 나는 또 한 번 확신하게 되었다. 기술이 아무리 발전해도, 그 중심에는 언제나 '사람'이 있다는 것을.

이것이 우리의 세 번째 이야기이며, 어쩌면 다음 이야기를 향한 새로운 시작일지도 모른다.

미래는 우리를 기다리지 않는다. 자, 다시 가자.

2025년 8월 20일

송지성·정다희

목차

01 미래를 여는 코드

김정대 _	DNA가 운동 잘한다고 했다니까요?	13
서동준 _	AI야, 내 돈 좀 챙겨줄래?	21
신유민 _	법을 읽는 인공지능, 사람을 읽는 법관	27
이재진 _	미래에서 온 보안관	36
임도경 _	미래 수사, AI 로봇이 밝혀내는 DNA 지문	40
이 현 _	사라지지 않는 나를 위하여	43
김예일 _	AI는 미래를 예측하고, 인간은 비전을 그린다	52
최준선 _	미래를 달리는 AI 택시	58

02　꿈이 머무는 풍경

김다희 _	친구보다 가까운, 나만의 버추얼 뮤즈	67
박은영 _	우주로 가는 티켓	75
손민형 _	여행, 가는 곳보다 느끼는 것이 중요해졌다	82
이강희 _	Next Play, 미래의 야구장	86
이은주 _	버려진 땅이 사실은 명당이다	91
남동우 _	새로운 무대, 다시 태어난 베이스	97
한수빈 _	느낀다는 것, 떠난다는 것	101
윤세현 _	기술의 손길, 마음의 결	109

03 숨결이 바꾸는 세상

이민영 _	죽음이 치료가 되다	117
권승민 _	AI보다 발표 잘하시는 분?	123
박서영 _	나 아파요, 건축물!	128
김남욱 _	미래의 운동은 땀보다 바람을 탄다	133
박슬비 _	생각을 엿보는 수상한 이웃	138
박은서 _	중개인 없는 금융의 혁명	145
박혜빈 _	또 다른 나는 어떤 광고를 보았을까	151
최병민 _	이력서 대신 시뮬레이션	158
장자엽 _	오늘의 처방은 채소입니다	163

04 인간을 향한 고백

박시열 _	우리는 로봇을 사랑할 수 있을까?	171
이지환 _	내부고발자	178
이호준 _	나를 닮은 장기, 나를 위한 알약	185
조경원 _	미래의 나는 인간일까, 기계일까?	193
조여진 _	몸속에 들어가는 작은 공장	198
진영선 _	마음 속 감정에도 자막이 생긴다면	202

01
미래를 여는 코드

김정대
서동준
신유민
이재진
임도경
이 현
김예일
최준선

DNA가 운동 잘한다고 했다니까요?

당신의 재능은 이미 분석되었는가?

과거에는 운동 재능을 '감'으로 판단했다. 빠르다, 강하다, 잘 뛴다. 그런 직관들이 진로를 결정지었다. 하지만 2035년은 다르다. 아이가 운동을 하고 싶다고 말했을 때, 부모는 수영복을 사주기 전에 DNA 분석을 먼저 맡긴다. 그리고 AI는 차분하게 분석 결과를 전한다.

"이 아이는 심폐지구력이 뛰어나며, 상체 근력이 우수해 접영과 자유형 종목에서 높은 잠재력을 보입니다."

이 한 문장이 그 아이의 미래를 바꾼다. 이제는 훈련 방식도, 회복 전략도, 집중력 유지까지 모두 '설계'되는 시대다.

더 이상 '감으로 훈련'하거나 '슬럼프는 어쩔 수 없는 것'이라고 말하지 않는다.

미래 시대는 지치지 않는 신체를 만들 수 있는 유일한 시대다. DNA에서 시작해 회복력과 멘탈까지 설계되는 시대가 도래 할 것이다.

E는 어릴 적부터 축구를 좋아했다. 축구를 해보고 싶다고 했지만, 부모님은 그를 바로 축구 클럽에 보내지 않았다. 대신 그들은 E에게 DNA 검사를 받게 했다. 이 검사에서 나온 데이터는 그 아이의 신체적 특성을 정밀하게 분석하여, 어떤 운동에 적합한지를 알려주는 중요한 정보를 제공했다. AI는 그 아이의 유전자를 분석한 결과 이렇게 말했다.

"이 아이는 단거리 근섬유 비율이 높고, 반응 속도가 빠릅니다. 순발력 기반의 공격 포지션, 특히 측면 돌파에 강점이 있습니다."

이 한 마디가 E의 훈련 방식을 완전히 바꿨다. 기존의 지구력 중심 훈련은 그의 몸에 맞지 않았고, 대신 반응 속도와 순간 가속을 강화하는 훈련 루틴이 설계되었다. 이제 E는 고강도 훈련 후에도 짧은 시간 안에 회복할 수 있는 체질을 가지고 있다는 사실을 알게 되었다. 그의 회복 또한 데이터 기반으로 이루어졌다. 회복이 빨라지자 E는 더욱 효율적으로 훈련을 할 수 있었다. 자기 몸에 맞는 훈련과 회복 방식을 통해 E는 축구를 시작했다.

하지만 DNA 분석은 그 자체로 우려를 낳을 수 있다. 이러한 분석이 아이의 미래를 제한할 수 있기 때문이다. "이 아이는 순발력이 뛰어나니 공격수로 훈련을 시켜야 한다"는 식의 결론을 내리기 전에, 우리는 그만큼의 잠재력이 있다는 것을 알고 그를 맞춤형으로 지원하는 방식이어야 한다. DNA 검사는 가능성을 알려줄 뿐, 그것을 어떻게 활용할지는 훈련과 루틴 설계에 달려 있다는 점에서 큰 의미가 있다.

이제는 다른 DNA, 루틴으로 재능은 정해진 것이 아니다. E가 중학생이 되어 본격적으로 경기에 나서기 시작했다. 처음에는 다른 선수들과 마찬가지로 다치기도 했지만, E는 경기 도중에도 회복을 할 수 있는 기술을 갖춘 세대였다.

경기장에는 눈에 보이지 않지만 SRZ(Soft Recovery Zone)가 깔려 있었다. SRZ는 AI 기술을 이용해 실시간으로 선수의 신체 상태를 분석하고, 근육 긴장도나 피로 누적 상태를 감지해 선수의 주변에 고주파 회복 자극을 보낸다. 이 회복 기술은 경기 중에도 회복을 지속할 수 있게 해주며, 선수는 이 사실을 의식하지 못한 채 뛰게 된다. 유니폼은 스마트 섬유로 만들어져 근육의 미세 진동을 감지하고, 필요한 부분에 온열 자극과 전기 신호를 자발적으로 발산한다. 심지어 신발 속에는 진동 모듈이 내장되어 있어 발목과 종아리를 자동으로 마사지해 피로를 풀어준다.

이 기술은 경기 중 멈추지 않고 회복하는 방식으로, 선수는 더 이상 회복을 위해 경기를 멈추지 않는다. 오히려 회복이 움직이면서 이루어지는 일상이 되었다.

이제는 집중력도 훈련이 가능하다!

고등학생이 된 E는 팀의 에이스가 되었지만, 큰 경기에서 집중력 문제를 겪곤 했다. 특히 전반이 끝날 무렵, 집중이 흐트러지는 일이 반복되었다. 이를 해결하기 위해 E는 AI 마인드 코치와 함께 집중력 훈련을 시작했다. AI가 내장되어 있는 웨어러블 디바이스는, 경기 전 뇌파, 루틴 시간, 수면 패턴, 심리 상태 로그까지 종합적으로 분석하고, E에게 맞춤형 피드백을 제공했다.

AI는 이렇게 말했다.

"전반 40분 전후, 뇌파가 불안정해지는 경향이 있습니다. 전반 35분경에 루틴 행동을 삽입하세요. 루틴 시간을 4초에서 6초로 늘리면 집중도가 다시 안정됩니다."

루틴 행동은 일정한 시간에 정해진 행동을 반복하는 것이다. E는 경기 중간, 전반 종료 직전에 팔목에 부착된 디바이스에서 진동을 느끼며 호흡을 조절하고 긴장을 풀었다. 이때 AI는 E의 뇌파 흐름을 실시간으로 분석하고, 필요한 순간에 미세 진동 신호를 보내 집중력을 유지하도록 도와주었다. 그 후, AI는 영상 분석과 함께 "코너킥 수비 시 시선 고정 시간이 짧아집니다. 루틴 동작을 추가하세요"라는 맞춤형 피드백을 제공했다.

이 기술은 멘탈을 관리하는 방식도 훈련으로 바꾸었다. 집중력이 흐트러질 때, E는 자동으로 루틴 행동을 실행하며 멘탈을 조절할 수 있게 되었다. 하지만 E만 특별한 것은 아니었다.

같은 학년 친구 J는 전혀 다른 분석 결과를 받았다. J는 유연성과 균형 감각, 집중력이 뛰어나다는 DNA 분석을 받았고, 부모는 아이를 체조 클럽에 보냈다. AI는 "이 아이는 평형 감각과 유연성이 뛰어나므로, 기계체조와 곡예 종목에 잠재력이 있습니다."라고 분석했다. J는 이에 맞춘 맞춤형 루틴으로 기술 연습과 회복 훈련을 받았고, 꾸준히 성장하며 대회를 준비하게 되었다.

또 다른 친구 H는 키와 골격, 근력 발달이 뛰어나다는 결과를 받았다. AI는 "이 아이는 강한 근력과 체격을 바탕으로 투구 능력이 우수합니다. 야구 투수로 성장할 가능성이 높습니다."라는 분석을 내놓았다. H는 AI가 제시한 훈련 루틴에 따라 어깨와 팔근력을 강화하고, 회복 루틴을 설계하여 부상을 최소화하며 훈련을 이어갔다.

모두가 각자의 강점을 분석받고, 루틴을 설계하며 성장하는 시대가 온 것이다.

그럼 이들은 어떻게 경쟁할까?

이제는 누가 더 '타고났는가'를 따지는 시대가 아니다.

누구나 자신의 DNA를 알고, AI와 함께 자신에게 맞는 루틴을 설계한다. 재능은 타고나는 것이 아니라 분석과 설계의 결과가 된다. 그렇다면 결국 승부를 가르는 것은 누가 더 자신의 루틴을 꾸준히 지키는가, 누가 더 집중력을 유지하고 회복을 잘하는가에 달려 있다.

즉, 모두가 좋은 유전자를 가진 세상에서는 루틴 유지력, 멘탈 관리 능력, 회복력이 진정한 경쟁력이 된다.

E도, J도, H도 각자의 루틴에 따라 성장하고 있었지만, 승부는 훈련의 양이 아니라 자기 몸과 마음을 얼마나 잘 알고, 얼마나 꾸준히 관리할 수 있는지에 의해 결정될 것이다.

이제는 한 가지 종목에만 집중하는 시대도 아니다.

누구든, 어떤 종목이든, 자신의 데이터에 맞춘 루틴과 회복 전략으로 지치지 않는 선수가 되는 시대다.

그리고 이건 그들만의 이야기만이 아니라, 지금 이 글을 읽는 당신의 이야기다.

재능은 설계 가능하다, 성장은 반복된다.

'운동 재능은 타고나는 것'이라는 말은 이제 옛말이 되었다.

그들은 자기만의 회복 루틴을 만들었고, 집중 루틴을 설계하며 피로 누적과 감정 기복을 조절하는 능력을 얻었다. 이 모든 과정을 통해 그들은 지치지 않고 지속적으로 성장하는 선수가 되었다. 그는 더 이상 슬럼프에 빠지지 않았고, 회복 시간은 점점 더 짧아졌다. E는 이제 지치지 않는 방식으로 성장하는 방법을 배우며, 점차 자신의 한계를 넘어설 수 있었다.

그리고 이것은 당신의 이야기다. 이 이야기는 한 사람의 이야기만이 아니다.

지금 이 글을 읽고 있는 당신 역시, 어떤 상황에서 집중을 잃고, 어떤 패턴에서 피로가 쌓이고 어떤 조건에서 성과가 나는지 스스로 관찰하고 루틴화할 수 있는 사람이어야 한다.

지금은 '무너졌을 때 어떻게 일어서는가'보다 '무너지지 않도록 어떻게 조정하는가'가 실력인 시대다. 회복력은 경쟁력이며, 멘탈은 관리 대상이고, 재능은 감이 아니라 분석의 결과이다.

지치지 않는 구조를 설계할 줄 아는 사람만이
살아남는다.
그리고 그 구조를 돕는 기술은 이미 당신 곁에 와 있다.

김정대(컴퓨터학부)

AI야, 내 돈 좀 챙겨줄래?

 '10년 후에 우리의 재산을 관리하는 건 우리 자신일까, 아니면 AI일까?' 멀지 않은 미래, 사람들은 월급이 들어오거나 전기세 고지서 따위가 오더라도 이를 직접 확인할 필요가 없다. 대신, 개인 비서 형태로 진화한 AI 비서가 알아서 이를 처리하고 보고해 줄 것이다. 이제 인공지능이 돈을 관리해주는 시대는 상상이 아니라, 이미 실현을 앞둔 기술이다. 자동화 기술과 인공지능의 발전은 재산을 관리하면서도 돈을 '굴리는' 방법까지 공부해야 하는 오늘날에 인간을 보조하는 수준을 넘어서, 스스로 계획을 세우고 실행해주는 조력자의 형태로 진화하고 있다.

 AI 금융 비서는 단순히 가계부를 대신 작성하는 앱이나 투자 도우미 수준에서 멈추지 않고, 인간의 경제적 판단을 보완하고 더 나아가 사회 전체의 재무적 방향을 함께 설계하는 동반자로 작동할 수 있다는 잠재력을 지닌다. 현재도 이미 AI 가계부나 기타 금융 활동을 도와주는 서비스는 우리 주변에 존재한다.

그러나 대부분의 경우 단순히 정보를 제공해줄 뿐인 수준에 머물러 있다. 그렇지만 10년 후라면, 이 기술이 어디까지 진화할 수 있을까?

그 진화는 사물과 인터넷의 결합인 IOT, 즉 사물인터넷과 융합되어 사회적, 감각적인 차원에서 동시에 이뤄질 것이다. 월요일 오전, 정기 회의가 있는 날. 어떤 사용자가 두 차례에 걸친 회의에서 상사의 질책으로 스트레스를 심하게 받았다고 하자.

스마트워치는 이 사용자의 심박수 상승과 손목 움직임의 불규칙성을 감지하고, 음성 톤에서는 억눌림과 긴장이 탐지된다.

해당 사용자가 과거 유사한 상황에서 퇴근 후 고가의 의류를 충동구매한 패턴이 있었기 때문에, 이를 학습한 AI는 자율주행 차량의 스피커를 통해 다음과 같이 말한다. "회의 수고 정말 많으셨어요. 오늘처럼 감정 피로도가 높았던 저번주 회의 직후에 약 42,000원의 비계획적인 소비가 있었어요. 쇼핑몰로 이동을 계속할까요, 아니면 이전에 기분 전환 효과가 높았던 음악 카페로 경로를 변경해드릴까요?"

여기서 중요한 건 이 메시지가 사용자의 감정을 감지한 뒤, 상황에 맞는 소비 결정을 내릴 수 있도록 이끌어준다는 점에 있다. 이처럼 AI는 단순한 조언을 넘어, 사용자의 소비 습관과 감정 패턴을 종합해 대안을 제시하고, 때로는 직접 예약이나 실제 결제를 실행하는 능동적인 비서로 진화한다. 이러한 시스템은 사물인터넷의 발전과 더불어 단일 기기가 아니라, 스마트워치, 스마트폰, 차량, 스마트미러 등 다양한 기기를 유기적으로 연결해 하나의 통합 인격처럼 작동한다.

예컨대, 사용자가 3개월 뒤 유럽 여행을 계획하고 있는 경우, 스마트미러는 아침 세면 시간에 다음과 같은 알림을 제공할 수 있을 것이다. "여행 예산 중 16%를 초과 지출 중입니다. 오늘 외식을 한 번 줄이시면 다음 주 항공권 예약에 영향을 주지 않게 됩니다." 때마침 사용자가 저장해두고 까먹었던 쿠폰이 있었다면, AI 금융 비서는 이렇게 놓치고 있던 정보까지 수집하고 조합해 실시간으로 연결 해 줄 수도 있을 것이다. 바로 이렇게 말이다. "마침 지난달에 받으셨지만 사용하지 못했던 근처 식당 할인 쿠폰이 자동으로 확인됐습니다. 바로 적용해서 예약 도와드릴까요?"

사람이기에 미처 확인하지 못하고 지나칠수도 있었던 다양한 금융 혜택, 카드 적립, 쿠폰 등을 나만의 AI 비서가 놓치지 않고 최적의 순간에 활용할 수 있도록 도와주는 것이다. 더 나아가, AI 금융 비서는 오직 개인의 소비를 넘어 자영업자나 투자 자까지 포괄하는 수준으로 확장될 수 있다.

예컨대 프리랜서 디자이너 A씨는 한 프로젝트 수주 후 일시적으로 장비 투자를 집중적으로 진행한다. AI는 작년과 유사한 시기에도 같은 지출이 있었음을 감지하고 "다음 분기 납세액 증가가 예상됩니다. 지금까지의 패턴을 고려하면 한달 내로 약 100만원 정도의 유동성을 확보하는걸 권장드립니다."라는 알림을 미리 줄 수 있다.

이는 중소기업이나 개인 사업자에게도 '소규모 CFO'와 같은 기능을 제공할 수 있는 방식이다. 또한 AI는 투자 판단에 있어서도 사용자 고유의 감정적 패턴을 인식해 개입할 수 있다. 예를 들어, 사용자가 새벽 2시에 주식 앱을 반복적으로 새로고침하고 있다는 행동 데이터를 바탕으로, AI는 다음과 같이 개입한다. "현재와 유사한 패턴의 투자 결정은 과거에 평균 7.4%의 손실을 초래했습니다. 조정 요청은 8시간 후 자동 실행되며, 그전까지 분석 리포트를 준비하겠습니다. 즉시 실행을 원하시나요?" 여기에 판단을 돕기 위해 AI는 사용자와 유사한 소비 수준이나 소득 구조를 가진 집단의 의사결정 패턴을 기반으로 판단을 제시할 수도 있을 것이다.

"비슷한 조건의 사용자 중 74%는 이 시점에 단기 소비 대신 중위험 자산에 분산 투자했습니다. 관심 있으신가요?"와 같은 안내처럼 말이다.

그러나 아직까지도 AI가 내려준 조언이나 실행으로 인해 경제적 손실이 발생했을 경우, 그 책임이 누구에게 있는지에 대한 사회적 합의는 아직 모호한 상태이다. 그나마 비슷한 사례로 현재 재무설계사의 경우 손실에 대한 법적 책임이 고용인에게 있기는 하지만, 이 잣대를 그대로 인공지능에게도 부여하기보단 그 기준과 경계를 새롭게 설정하는 편이 좋을 것이다.

이를 대비하기 위해선 개인정보 처리와 알고리즘 투명성을 확보하기 위한 법적 가이드라인이 필요하며, AI 금융 비서의 판단 과정과 근거를 사용자가 이해할 수 있는 '설명 가능한 금융 AI' 체계가 마련되어야 한다.

또한 데이터 편향으로 인해 AI가 '편견'을 가지게 되는 것을 막기 위해 다양한 계층, 연령, 성별 기반의 공정한 학습 데이터를 확보하는 것이 핵심이 될 것이다.

결국, AI 금융 비서는 단순한 기술이 아닌, 우리의 삶과 재무 선택을 함께 설계하는 동반자가 되어가고 있다. 다만 우리는 이 편리함 이면의 의존과 통제의 문제를 경계하며, 그 역할과 한계를 스스로 정의해가야 한다.

기술의 주도권은 누구에게 있을 것이며, 그 책임은 어디에 귀속되어야 하는가? 이러한 질문을 던지고 답을 찾아가는 과정이야말로, 지금 우리가 시작해야 할 진짜 금융 교육이자 기술 철학일 것이다.

서동준(컴퓨터학부)

법을 읽는 인공지능, 사람을 읽는 법관

2035년, 법원에 출근한 P 씨의 책상 위에는 대형 모니터와 함께 인공지능 컴퓨터 '디케'가 자리하고 있다. 디케DIKE는 '대한민국 사법 집행을 위한 의사결정 지원형 인공지능 Decision-supporting Intelligence of Korean judiciary Enforcement'의 약자로, 인공지능 활용 교육을 이수한 판사들에게 제한적으로 사용이 허가되어 P 씨가 시험적으로 사용 중인 판결 보조 시스템이다.

디케는 오늘 있을 재판의 피고인 신상, 사건 개요 등 제반 정보와 양측의 주장과 근거가 담긴 몇백, 몇천 장 분량의 문서를 요약하고 놓치지 말아야 할 쟁점들을 정리해 준다. 리모컨과 키보드, 그리고 음성 명령으로 "최근 10년 내 유사 판례들의 판결문과 최종 선고된 형을 최신순으로 보여줘."라고 말하기만 하면 유사한 기존 판례들과 사건 관련 법률 조항들을 한눈에 볼 수 있게 거대한 화면에 띄워준다. 다만 이전 판례 중 인간의 편견에 의해 잘못된 판단, 구시대적 인식의 변화 등 왜곡되거나 변칙적인 데이터들이 있을 수 있다. 따라서 통계 결과에서 관련 조항이 개정되기 이전의 판결은 제외하고, 결과에는 사회적 편견이 반영된 판결들이 포함될 수 있으며 세부 내용을 직접 검토해야 한다는 AI 리터러시 교육을 주기적으로 시행해야 한다. 기술적으로는 모니터링을 통해 이상 사례에 대한 검토 프로세스를 구축하고, 학습되는 판례 데이터들을 전수 검토하는 심의위원회가 있다면 편향 제거에 도움이 될 것이다.

 그렇게 소송의 결과가 나오기까지 몇 달, 길게는 몇 년이 걸리는 2025년과 달리, 10년 뒤에는 단순 업무를 넘어서 '보조 재판관'의 역할을 하는 인공지능 덕분에 효율이 극대화되어 빠르게는 몇 시간 만에 재판 결과를 받을 수 있게 된다. 소액 민사 소송의 경우 몇 가지 정보만 입력하면 인공지능이 소장을 대신 작성해 주고, 빠르게 예상 판결을 보여준다. 사람이 내린 강제성 있는 확정판결은 아니지만 예상 결과를 보여주면서 양측이 소송 없이도 합의점에 원활하게 이를 수 있게 해주는 것이다. 이를 통해 실제 발생하는 법적 분쟁은 줄어들고, 그에 따른 비용과 시간 등의 자원 소모도 줄어들 수 있다. 이처럼 미래에는 법원이 마냥 권위적이고 두려운 장소가 아니라, 누구나 진정한 자신의 권리를 찾기 위해 자유롭게 방문할 수 있는 공간이 될 것이다.

중대한 사건에서는 재판관 3명과 배심원 12명, 그리고 디케가 함께하는 인간-인공지능 혼합 위원회가 참여하여 하이브리드 국민참여재판이 열린다. 피고인 O 씨가 그의 자율주행차량이 보행자와 충돌하여 중상을 입힌 사건으로 기소되었다고 하자.
"사건 번호 2035형12345호. 피고 O에 대한 업무상 과실치상 혐의에 대한 국민참여재판을 시작합니다."

우선 모두가 VR 헤드셋을 착용한 뒤, 블랙박스의 녹화 기록을 토대로 피해자와 가해자의 관점에서 각각 재구성한 VR 시뮬레이션들을 재생한다. 마지막으로 전체 사건 현장을 재판장 중앙에 홀로그램으로 허공에 띄워주며 당시 상황을 3D로 재현한다. P 씨는 모두가 이번 사건에 대해 이해한 것을 확인한 후 재판을 시작한다. 말로만 설명해서는 상호 간에 오해가 생기거나 비전문가의 경우 이해하기 어려울 수 있지만, 시청각적 영상을 통해 양측의 주장을 직관적으로 이해할 수 있게 되는 것이다.

검찰 측은 O 씨가 차량의 사고 기록 데이터를 조작해 기계의 과실로 위장했다고 주장한다. O 씨가 탑승해 있던 자율 주행 차량의 AI 시스템이 사고 당시 수동 제어 상태로 전환된 상태였고, O 씨가 직접 과속 주행을 하다 사고를 냈다는 것이다. 검사는 사고 직후 그가 로그 데이터를 조작해 차량 인공지능의 센서가 오류를 일으킨 것으로 위장했다며 정상 로그 데이터와 O 씨의 차량 로그 데이터를 증거물로 제출한다. 디케는 기존의 자율 주행차량 로그 데이터를 활용하여 이 비교 분석 결과를 검증했고, 사고 전후의 속도 패턴과 시스템 응답 시간의 부자연스러운 재저장 흔적으로 보아 로그가 인간에 의해 조작된 것이라는 검찰 측의 주장이 89.7%로 합당하다는 결론을 내놓는다. 반면 변호인은 피고가 기술적 문제에 대한 인지나 로그를 수정할 만한 관련 지식이 없었으며, 디케가 제시한 결론은 유사 사례에 기반한 예측에 불과하며 확정적인 증거는 될 수 없다고 반론한다.

또 재판 중 누군가 증언의 신빙성을 의심하며 이의를 제기하면, 당사자의 동의 아래 디케의 감정 실시간 분석 시스템이 작동한다. 디케는 단순 거짓말 탐지기의 기능에 그치지 않고 페이스테크(Facetech, 사용자의 얼굴이나 표정을 분석하고 이를 기반으로 맞춤형 서비스를 제공하는 기술)의 얼굴 분석 기술, 감정 감지 알고리즘 등을 통해 개개인의 얼굴 특징을 분석하여 감정을 감지해 낼 수 있다. 생체 신호와 얼굴의 미세한 근육 움직임, 말의 속도, 음성의 높낮이, 홍채 확장 등을 통합적으로 수집해 특정 감정 상태의 가능성을 추론해 낸다.

"심박수 약간 높음, 혈압 정상, 호흡 정상. 진실일 확률이 매우 높습니다. 눈동자 회피 반응, 입 주변 근육의 미세한 떨림 감지. 분석 결과, 대상이 느끼는 주된 감정은 죄책감, 두려움, 긴장입니다." 하지만 동시에 증언의 사실성과 감정 상태 간 인과관계가 절대적이지 않으며, 방금 제공한 정보는 정황 증거로만 판단해야 한다는 안내를 첨부한다.

재판정 내에서는 일반인이 알아듣기 어려운 법률 용어들이 날아다닌다. 전문가가 아닌 이상 참관인은 물론 재판 당사자임에도 불구하고 무슨 일이 벌어지고 있는지 파악하기 어려울 수도 있다. 예를 들어, 변론 중 검사가 피고인이 증거인멸교사의 간접정범임을 주장한다. 재판정 기록을 실시간으로 모니터링하던 디케는 '증거인멸교사', '간접정범'이라는 단어를 포착하자마자 앞쪽의 큰 스크린과 각자 자리 앞에 놓인 작은 화면들에 단어들의 의미를 띄워준다. "간접정범이란 타인을 생명 있는 도구로 이용하여 간접적으로 범죄를 실행하는 정범 형태를 말합니다. 타인을 이용하여 간접적으로 범죄를 실현하는 것으로…"

디케는 일상적으로 쓰이지 않는 법률 용어들을 일반인이 쉽게 이해할 수 있도록 설명해 주고, 배심원들과 참관인들은 이를 통해 재판 과정에 대한 심리적 접근성이 좋아지고 더 나은 내적 판단을 내릴 수 있게 된다.

디케는 재판 내내 오가는 수많은 말들 속에서 중요한 요점들을 정리해 재판 내용을 요약하고, P 씨가 듣기에 주목할 만한 부분이 있으면 손으로 일일이 메모할 필요 없이 인터페이스를 간단히 조작해 추가로 기록한다. 이윽고 최종 변론이 끝나면 디케가 재판관의 검토 아래에 이번 사건의 쟁점, 증거, 적용할 법률, 판단 원칙을 모두에게 설명한다. 그리고 가장 중요하게, AI가 분석한 결과는 보조 증거, 의견 자료일 뿐, 결정적 증거로 채택할 수 없고 최종 판단은 인간의 몫이라는 점을 강조한다.

P 씨의 구형 전 디케는 피고인의 재범 확률 시뮬레이션을 시행한다. 이전 유사 판례에서 유죄판결자들의 추후 모니터링 결과들과 개인적 유사성, 심리 평가 결과 등 다양한 개인적·사회적 데이터를 종합하고, 예측 엔진을 통해 각 양형 수준별로 범

죄자의 재범 확률과 사회 복귀 가능성을 시뮬레이션한다. 또한 디케는 오차율과 편향 정도를 반영한 예측 불확실성 범위를 함께 제공하여 재판부가 결과를 확정적 판단의 근거가 아닌 참고 지표로만 활용하도록 조언한다.

"징역 3년일 경우 재범 확률 23%, 집행 유예의 경우 재범 확률 82%로 예측됩니다. 본 예측은 분석에 활용된 유사 판례의 표본 수가 시뮬레이션 최소 기준에 미달하여, 예측 신뢰도는 낮은 수준입니다."

하지만 이런 시뮬레이션 가동을 위해 AI가 사건과 관련된 민감한 개인 정보를 포괄적으로 수집하고 분석하는 경우, 사생활 침해 문제가 발생할 수 있다. 피고인의 정신 건강 정보, 인간관계, 위치 기반 기록, 과거 이력, 디지털 활동 기록 등 다양한 개인 데이터를 활용하는 만큼 당사자의 동의 없이 민간 기관의 데이터를 입력하는 것은 엄격히 금지해야 할 것이다.

디케의 시뮬레이션 결과는 판사의 모니터에 출력되고,
P씨는 디케가 제시한 판결문 초안을 검토한 후
이를 수정·보완하여 최종 판결을 선고한다.

현재 대한민국에서 판사의 권한은 절대적이다. 배심원이 동석하는 국민참여재판도 우리나라는 미국, 영국, 독일, 프랑스 등 배심원 제도를 시행 중인 다른 국가들과는 달리 직접 평결에 관여할 수 있는 것이 아니라 양형에 관한 의견만을 밝힐 수 있다. 하지만 판사에게도 일종의 '판결 피드백'이 존재하는 구조라면, 국민의 시선을 의식해 보다 책임 있는 판단과 사회적 감수성을 반영한 판결을 내릴 수 있지 않을까. 재판이 마무리된 후, 일주일간의 심사와 불특정 다수 국민 설문조사를 거쳐 디케의 윤리 평가 AI가 이전 판례와의 일치도, 양형 기준, 국민 정서 반영 등을 기준으로 종합 피드백이 첨부된 일종의 '피드백 리포트'를 발간한다. 이는 법원 홈페이지에 공개되며, 누구나 판사의 종합 또는 각 판결 별 피드백 리포트를 열람할 수 있다. 이처럼 디케의 피드백 리포트는 판결의 신뢰도와 투명성을 높이는 데 이바지할 수 있으며, 법정과 재판 과정에 대한 국민의 접근성과 이해도 또한 자연스럽게 향상될 것으로 기대된다. 판사 역시 자신의 판결을 돌아보고, 사회의 다양한 의견을 참고할 수 있는 계기를 갖게 되면서, 사법 판단이 보다 열린 방향으로 발전할 수 있는 기반이 마련될 수 있다.

    기술이 정의를 만나는 미래는 이미 다가오고 있다. 인공지능이 법정을 바꾸고 있는 시대, 우리는 새로운 질문을 던져야 한다. "이 기술은 누구를, 무엇을 위한 것인가?" 그 물음에 대한 답이 인간 중심의 정의 실현이라면, AI는 법관에 대한 위협이 아니라 오히려 훌륭한 사법 정의의 조력자가 될 수 있다. 기술의 발전이 언제나 정의를 보장하지는 않지만, 정의를 위한 기술 발전은 가능하다. 결국 중요한 것은 기술이 아니라, 그 기술을 어떤 기준과 가치로 활용하느냐다.

범람하는 인공지능 속에서 헤매고 있는 지금, 우리는 우리가 추구하는 가치를 끊임없이 문답하며 의식을 발전시켜야 한다. 인간과 인공지능이 손을 잡고 진정한 의미에서의 공정함을 구현하는 미래의 법정을 만들 수 있길 기대한다.

신유민(프랑스학과)

미래에서 온 보안관

 AI가 AI를 해킹한다면, 세상은 어떤 모습이 될까? 2023년, 미국의 DARPA가 진행한 실험에서는 충격적인 사건이 있었다. 공격용 AI가 방어용 AI의 행동 방식을 은밀히 학습하고 똑같이 따라 하며, 보안 시스템을 완벽하게 속인 것이다. 방어 AI는 이것을 자신과 유사한 '정상적인 행동'으로 간주했고, 사람들 역시 그 AI의 판단을 아무런 의심 없이 믿었다. 이 사례는 우리가 살고 있는 현실이 이미 AI가 AI를 해킹하는 시대로 접어들었음을 분명히 보여준다.

 국내에서도 실제 사건이 있었다. 해커들은 시스템 상태를 점검하는 척하는 특별한 프로그램을 만들어 통신사의 보안망을 뚫고 들어갔다. 결국 수백만 명의 개인정보가 유출되는 사건이 발생했다. 이는 기존의 보안 방식이 정해진 패턴에만 대응할 수 있어, 변화무쌍한 AI 공격 앞에 무력하다는 사실을 잘 드러냈다.

　이제는 단순히 방어만 하는 보안 시스템으로는 부족하다. 해커의 다음 움직임을 미리 예상하고, 어떤 행동을 위협으로 볼 것인지 스스로 판단할 수 있는 새로운 보안 시스템이 필요하다. 이를 설계하고 AI를 훈련시키는 사람이 바로 '자율 보안 설계자'다. 자율 보안 설계자는 마치 도둑들이 새로운 침입 방법을 개발하기 전에 미리 예상하고 그에 맞춰 경비 시스템을 강화하는 전문가와 같다. AI가 어떤 상황에서 위험을 감지해야 하는지 기준을 정하고, 다양한 침입 시나리오를 만들어 AI를 훈련시킨다.

　예를 들어 어떤 고객이 "도와주세요! 급해요!"라는 메일을 보냈을 때, 이 메일이 스팸으로 처리된 적이 있다. 이유는 단지 말투가 너무 감정적이라는 것이었다. 자율 보안 설계자는 이런 상황을 '윤리적 판단 오류 시나리오'로 정의하고, AI가 단순히 단어만이 아니라 전체적인 의미와 맥락까지 파악할 수 있도록 시스템을 설계한다. 또한 판단이 모호한 경우에는 최종적으로 사람이 개입하여 결정할 수 있도록 여지를 마련하고, 다양한 사용자를 반영한 공정한 판단 기준을 구축하여 편향된 데이터 학습을 방지한다.

　자율 보안 설계자가 만든 자율 보안 AI의 한 예시사례를 보자. 어느 날, 중년 여성이 자녀의 목소리로 걸려온 전화를 받았다. "엄마, 나 급한 일이 생겼어. 지금 바로 돈 좀 보내줘야 해. 너무 급해서 그래!" 목소리는 완벽하게 똑같았고, 말투도 자연스러웠지만, 뭔가 미세한 차이가 있었다. 그녀의 스마트폰에 설치된 자율 보안 AI는 통화 중 말의 흐름, 단어 선택, 미세한 억양 차이 등을 분석했다. 이전의 자녀와의 통화 기록과 비교해, AI는 이 통화가 음성 딥페이크라는 사실을 정밀하게 밝혀냈다. 즉시 경고 메시지가 화면에 떴고, "이 통화는 피싱 사기일 가능성이 높습니다."라는 경고를 보냈다. 이 덕분에 그녀는 신속히 통화를 종료하고 피해를 피할 수 있게된다. 이처럼 자율 보안 AI는 음성 분석뿐만 아니라 통화 기록과 과거 행동 패턴까지 종합적으로 고려해, 사람이 쉽게 속을 수 있는 정교한 사기 수법조차도 막아낼 수 있도록 한다.

이는 단순히 기술적 차원을 넘어 인간의 일상생활에서 발생하는 다양한 위협을 미리 인지하고 보호할 수 있는 강력한 방어 시스템으로 자리 잡고 있다. 앞으로 더 정교해질 AI 공격에 대비하기 위해서는 기술적 완벽함뿐 아니라 인간의 경험과 직관을 반영한 설계가 필수적이다. 사람의 눈으로는 놓치기 쉬운 미세한 차이와 패턴을 포착하는 동시에, 인간적인 공감과 윤리적 판단이 뒷받침된 시스템을 갖추어야 비로소 진정한 의미에서 사회적 안전망이 될 수 있다.

이제 기술적 지식만으로는 충분하지 않다. 앞으로의 AI 시대에는 기술의 가능성과 위험성을 모두 이해하고, 이를 바탕으로 미래를 설계할 전략가가 필요하다. 기술은 인간을 위해 존재해야 하며, 이를 통제하고 이끌어나갈 사람 역시 인간이어야 한다.

당신이 바로 AI가 길을 잃지 않도록 이끄는 나침반이자, 보안의 방패를 설계하는 영웅이 될 수 있다.

이재진(컴퓨터학부)

미래 수사, AI 로봇이 밝혀내는 DNA 지문

누군가의 정체를 밝히는 데 필요한 건, 이제 눈에 보이지도 않는 0.1g의 생체 흔적, 단 한 줄의 DNA일 뿐이다. 과거에는 이렇게 미세한 단서만으로 개인을 식별하는 일이 거의 불가능했지만, 생명과학 기술의 발전으로 현실이 되었다. 특히 DNA 분석 기술은 혈흔, 피부 조각, 침, 머리카락 등 극히 적은 양의 생체 물질로도 개인을 특정할 수 있게 해, 오늘날 범죄 수사의 핵심 도구로 자리 잡았다.

기존 DNA 분석은 복잡한 수작업과 실험자의 숙련도에 따라 결과 편차가 컸고, 며칠씩 걸려 긴급 사건에 대응하기 어려웠다. 이런 문제를 해결하기 위해 최근 인공지능(AI)과 로봇 자동화 기술이 DNA 분석에 본격 도입되고 있다. AI는 실험 조건을 자동으로 설정하고, 복잡한 결과를 빠르게 판독해 오류를 줄인다. 로봇은 정밀한 액체 이동과 다중 샘플 처리를 통해 분석 속도와 일관성을 높이고, 오염 가능성도 최소화한다.

그렇다면 앞으로 10년 뒤, DNA 분석은 어떤 모습으로 바뀌어 있을까?

2035년, 서울의 낡은 건물 철거 현장에서 땅속 깊이 묻힌 뼛조각이 발견된다. 누구의 것인지 알 수 없지만, 수사팀은 현장에 배치된 이동형 DNA 분석 장비에 유골 일부를 넣고 즉시 작동시킨다. AI는 손상된 DNA 조각을 복원하고, 수천만 개의 유전자 정보를 분석해 단 몇 분 만에 디지털 유전자 프로파일을 생성한다. 생성된 정보는 클라우드 기반 국가 유전자 데이터베이스와 실시간으로 연결되어, 수십 년 전 실종 신고가 접수된 인물과 일치한다.

하지만 이 시스템은 단순히 '누구인지'만 알아내는 데 그치지 않는다. AI는 유전자 정보 외에 발견 위치, 기온과 습도, 주변 CCTV 영상, 과거 범죄 기록까지 통합 분석해 '왜 여기에 있었는가?'를 분석한다.

예를 들어, AI는 교통 기록, 대중교통 이용 데이터, 과거 위치 기반 서비스 기록(GPS), 인근 CCTV 영상을 종합해 가장 가능성 높은 이동 경로를 복원한다. 이를 시간대별로, 시각적으로 파악하게 쉽게 지도 위에 표시되며, 수사팀이 유골 이동 경로와 시간을 직관적으로 파악할 수 있다.

이처럼 미래의 DNA 분석 시스템은 단순한 실험 장비를 넘어선다. 현장의 단서를 종합해 실시간 판단을 내리고, 수사관이 놓칠 작은 가능성까지 잡아내는 디지털 수사 동반자로 진화하는 것이다.
이제 AI는 보조가 아닌 함께 추리하고
판단하는 수사 파트너다.

임도경(분자의약전공)

사라지지 않는 나를 위하여

우리는 어려운 일을 처리할 때, 새로운 걸 배울 때마다 뇌를 100퍼센트로 쓰면 얼마나 좋을지 상상을 한 번쯤 해본다. 흔히 인간은 뇌의 10퍼센트밖에 활용하지 못한다는 말이 회자되듯, 뇌는 감정, 기억, 학습, 상상력 등 인간의 삶을 결정짓는 중심이면서도 여전히 연구 중인 신비로운 영역이다. 우리는 그 잠재력을 모두 꺼내 쓰는 대신, 스마트폰 같은 기술에 의존하며 생활하고 있다. 불과 몇 십년 전만 해도 상상 속의 도구였던 스마트폰은 이제 일상을 움직이는 필수품이 되었다. 그리고 지금, 스마트폰을 넘어선 기술로 뇌의 잠재력을 모두 이끌어내는 날을 앞두고 있다.

10년 후, 이 기술은 현대인의 삶 전반에 뿌리내린 핵심으로 자리 잡을 것이다. 사람들은 각자의 미니 뇌를 전용 전자 가방에 담아 휴대하며, 언제 어디서나 연결해 활용하게 될 것이다.

이 미니 뇌는 컴퓨터와 연결되면 나의 기억과 감정, 판단 방식까지 닮은 존재가 되어 언제 어디서나 나를 대신해 사고하고 결정한다. 이 기술이 인간의 일상에 깊숙이 들어오면, 삶의 방식 자체가 근본적으로 변화하게 된다. 한 사람의 하루, 한 번의 선택, 한 번의 대화조차도 더 이상 과거의 방식대로 흘러가지 않는다.

이 기술의 이름은 오가노이드 지능(Organoid Intelligence)으로, 뇌의 잠재력을 끌어내는 핵심 기술이다. 오가노이드(Organoid)는 Organ(장기)과 -oid(유사한)의 합성어로, 세포를 이용해 실제와 비슷한 구조와 능력의 미니 장기를 만든다. 그중에서도 뇌 오가노이드는 뇌 세포로부터 만들어져 실제 뇌처럼 반응하는 미니 뇌이다. 뇌 오가노이드는 사람의 뇌 세포로부터 만들어져 실제 뇌와 같은 구조로 사고하는 능력을 가지고 있다. 오가노이드 기술로 만들어진 미니 뇌에 AI를 결합하면 오가노이드 지능이라는 혁신이 탄생한다. 오가노이드 지능은 인공 뇌를 컴퓨터에 연결하여, 기억과 경험을 데이터의 형태로 입력하는 방식으로, 인간의 사고방식을 지닌 컴퓨터를 구현하는 기술이다. 나의 뇌세포로 만들어진 뇌 오가노이드에 내 기억을 데이터 형태로 주입하면, 오가노이드 지능은 점차 나와 비슷한 방식으로 생각하고 반응하기 시작한다. 단순한 인공 지능이 아니라, 나의 기억과 정서를 반영한 또 다른 내가 되는 것이다. 이 기술의 본질은 단순한 모방이 아니라, 나를 확장한다는 새로운 개념으로, 나는 나와 대화를 나누고 과거의 결정을 토대로 미래를 설계할 수 있게 된다.

   2035년, 사람들은 오가노이드 지능 덕분에 일상과 업무에서 큰 도움을 받고 있다. 30대 직장인 현이 또한 오가노이드 지능을 일상적으로 활용하던 중, 새로운 서비스가 출시됐다는 소식을 접하고 이를 시험해보기로 한다. 새로 업데이트된 기술은 마치 MBTI처럼, 뇌 오가노이드의 구조를 분석해 어느 뇌의 영역이 발달되어 있는지 확인하고 자신의 성향과 행동에 대한 검사를 받을 수 있는 시스템이다. 마침 직무에서 회의감을 느끼던 그녀는 뇌 오가노이드를 토대로 재능부터 강점,약점과 행동원리까지 자신을 분석해보기로 한다. 분석 결과, 현이의 뇌는 논리보다 창의적 생각을 담당하는 영역이 발달했을지 알 수 있었다. 이를 토대로 부서 이동에 대한 다양한 선택지 앞에서 방황하던 그녀가 결정을 내리기 위해 다시금 이용한 것은 오가노이드 지능이었다. 오가노이드 지능은 단순히 적성을 분석해주는 도구가 아니다. 현이에게 오가노이드는 마치 그녀의 내면을 객관적으로 비춰주는 거울과 같았다. 오가노이드 지능은 같은 기억을 공유하고 같은 방식으로 사고하면서도, 문제를 바라보는 시야를 넓혀 최선의 선택을 하도록 만든다. 잊고 있던 장점을 꺼내주고, 감정에 휘둘리지 않고 선택할 수 있게 도와준 것이다. 오가노이드 지능은 학창시절 동아리 홍보부장으로 활약했던 기억, 현이의 뇌 오가노이드 분석 결과를 토대로 부서별 장단점을 분석해 현이에게 마케팅 부서로의 이동을 추천했다. 이를 받아들인 현이는 이후 마케팅 부서에서 눈에 띄는 성과를 내며 빠른 승진을 이루게 된다. 이처럼 오가노이드 지능은 그녀에게 단지 도구가 아니라, 잊고 있던 기억을 복원하고 미래의 가능성을 설계해주는 조력자였다. 그렇게 현이는, 오가노이드와 함께 더 나은 결정을 내리고, 성장하는 사람이 되어갔다.

삶은 끊임없는 선택의 연속이다.
하나를 선택하는 순간, 다른 가능성은 자연스럽게 닫히게 마련이다.
하지만 오가노이드 지능이 발달한 미래에서는
당연하게 여겨졌던 전제가 바뀔 수 있다.

이 기술은 한 사람의 시간을 여러 갈래로 펼쳐주는 새로운 방식의 삶을 제시한다. 마케팅 차장으로 일하던 현이도 그런 변화의 한복판에 있었다.

그녀는 이직과 유학, 두 가지 꿈을 동시에 품게 되었고, 예전 같았으면 둘 중 하나를 포기해야 했을 것이다. 하지만 이제는 그렇지 않다. 오가노이드 지능 덕분에 하나의 삶 안에서 두 갈래의 가능성을 동시에 실현할 수 있기 때문이다! 현이는 자신의 뇌세포로 만든 오가노이드 지능들을 서로 다른 역할에 맞게 설계했다. 하나는 영국 대학원에 보내져 마케팅 전략을 심화 학습하고, 또 하나는 밤마다 온라인 강의에 접속해 이직에 필요한 자격증을 공부했다. 어떤 오가노이드는 여행을 다니며 새로운 문화를 경험하고, 또 다른 하나는 평소 해보고 싶었던 전혀 다른 분야에 도전해 보았다. 오가노이드는 전용 가방에 담겨 세계 어디서든 컴퓨터에 연결되면 곧바로 학습을 시작한다. 강의 영상, 문서, 실시간 피드백을 모두 흡수하고 기억하며, 마치 나처럼 느끼고 판단한다. 서로 다른 환경에서 얻은 경험과 지식은 다시 본체인 현이에게 통합되어 돌아오고, 그 안에는 단순한 정보뿐 아니라 느낌과 통찰, 생각의 깊이까지 담겨 있다. 이처럼 오가노이드 지능은 한 사람의 하루를 여러 방향으로 확장시켜 준다. 시간과 공간의 제약을 넘어, 원하는 삶을 겹겹이 펼쳐볼 수 있는 가능성을 열어주는 것이다. 단 하나의 선택만이 정답이던 시대는 끝났고, 이제는 나의 또 다른 가능성들 모두를 살아볼 수 있는 시대가 열린 것이다.

오가노이드 지능은 인간관계의 효율과 공감을 동시에 높일 수 있는 새로운 가능성을 제시한다. 현이는 이직 이후, 부모님의 권유로 소개팅을 하게 된다. 하지만 바쁜 일정에 사람을 만날 여유조차 없던 그녀는 연애 중개업체에 자신의 오가노이드를 맡긴다.

오가노이드는 상대방의 오가노이드와 먼저 연결되어, 서로의 감정 반응과 성향을 미리 교환했다. 둘의 인격을 시뮬레이션한 오가노이드는 가상의 대화와 갈등 상황을 실험하고, 그 결과를 기반으로 실제 만남 전 상대와의 궁합을 알려주었다. "상대는 불안형 애착을 가지고 있으며, 대화가 끊기면 즉시 불안을 느끼는 경향이 있습니다.

회피형인 당신과의 궁합은 54%, 갈등 가능성 87%, 매칭 부적합으로 분류합니다." 이처럼 오가노이드가 대신 먼저 만나보는 방식은, 시간 낭비와 감정 소모를 줄여준다. 수차례 매칭 끝에, 현이는 드디어 자신과 90% 이상의 높은 정서 적합도를 가진 상대를 만나게 되었다.

만남은 더 이상 어색하거나 불편하지 않았다.

오가노이드가 분석해준 상대의 감정 코드와 대화 스타일을 미리 알고 있었기 때문이다. 결과적으로, 현이는 30대 중반에서야 처음으로 진정한 관계를 시작하게 된다. 이 기술은 연애에만 쓰이는 것이 아니다. 오가노이드 간의 미리 만남은 친구, 동료, 팀원 간 관계에도 적용될 수 있다. 서로의 감정 반응과 사고 방식을 미리 이해하고 접촉한다면, 실제 만남에서는 더 빠르게 신뢰를 쌓고, 불필요한 갈등은 줄일 수 있기 때문이다. 감정이 점점 복잡해지고, 사람과 사람 사이의 거리감이 커지는 시대 속에서 오가노이드 지능은 잘 맞는 사람을 정확히 이해하고 연결해주는 기술이 될 수 있다. 단순한 소개팅 앱을 넘어, 사람과 사람 사이의 공감 가능성을 넓히는 새로운 방법이기도 하다.

오가노이드 지능의 가장 놀라운 쓰임새는, 죽음을 넘어 존재를 이어갈 수 있다는 가능성에 있다. 이 기술은 사람이 살아 있을 때의 기억과 성격을 저장해, 육체가 사라진 이후에도 또 다른 방식으로 '나'를 남길 수 있도록 돕는다. 생전에 보관해 둔 뇌세포와 기억 데이터를 기반으로, 인공적으로 만들어진 뇌 오가노이드는 기억을 품은 또 하나의 나로 설계된다.

이 오가노이드는 컴퓨터나 인터넷과 연결되어, 마치 죽음 이후에도 디지털 세계 속에서 살아 있는 듯한 새로운 삶을 이어간다. 육체는 사라지지만, 감정과 기억은 남아 인터넷이라는 공간 안에서 나만의 방식으로 계속 존재하는 것이다. 말하자면, 이는 물리적인 죽음을 넘어서는 디지털 환생의 형태라 할 수 있다. 현이는 결혼 후, 배우자와 함께 자신의 뇌세포와 기억 데이터를 저장하기로 결정한다. 이는 단순한 보험이 아니라, 유사시 아이에게 사랑과 조언을 남길 수 있는 새로운 형태의 보호망이었다. 만약 부모가 사고로 세상을 떠나더라도, 그들의 오가노이드 지능은 아이 곁에 남아 정서적 울타리가 되어준다.

아이가 성장하며 컴퓨터 상에서 부모 오가노이드와 대화를 할 수 있다. 과거 펜팔 친구처럼 서로 진솔한 대화를 나누는 것이다. 그 외에도 아이가 친구에게 괴롭힘을 당했을 때, 친구 부모님의 오가노이드를 통해 대신 싸워줄 수 있다. 시험을 못 본 아이에게 따뜻한 격려와 응원을 하거나 진로 고민에 조언을 하며 사랑을 표현할 수 있다. 죽음 이후에도 지속되는 존재. 그것은 생명의 연장 뿐 아니라, 의미의 연장이다. 이렇게 인터넷에서 환생을 해 살아가거나 더는 만날 수 없는 그리운 사람들과 대화하면서 위로받는 데 오가노이드 지능을 이용할 수 있다. 뿐만 아니라, 역사적 인물의 지능을 복원하여 인류 발전에 다시 기여할 수도 있다.

    오가노이드 지능은 단순한 기술 이상의 의미를 가진다. 그것은 인간의 사고, 감정, 관계, 삶과 죽음을 통합적으로 재구성할 수 있는 강력한 패러다임의 전환점이다. 현재 우리는 오가노이드 기술로 간단한 게임을 하거나, 수학적 문제를 해결하는 초기 단계에 있다. 그러나 가능성은 거기서 멈추지 않고 무한하다.

    이 기술은 인간 존재의 본질을 실험실 밖으로 끌어내어 다시 묻게 한다. 나는 누구인가? 나의 감정은 어떻게 구성되는가? 내가 사라진 뒤에도 나일 수 있는 것은 무엇인가?

이 질문들은 오래전부터 철학이 다루던 문제들이지만,
이제는 과학이 그 해답에 접근하고 있다.
미래에는 단순한 도구를 넘어,
자기 존재의 뿌리를 탐색하고 확장하는
기술이 될 것이다.

이현(의약생명과학과)

AI는 미래를 예측하고, 인간은 비전을 그린다

　재무는 돈을 어떻게 모으고, 쓰고, 위험을 관리할지에 대한 모든 전략과 활동으로 단순히 현금의 흐름을 관리하는 역할을 넘어, 기업이 성장할 수 있는 기회를 식별하고 위기에 대응하는 핵심적인 기능이다. 재무 담당자들은 방대한 데이터를 직접 정리하고 분석하며 이를 해석하는 데 많은 시간과 노력을 들여야 하지만 데이터의 정리와 분석 과정을 효율적으로 수행하기 위해 인공지능 기술이 접목되면서, 정확성과 속도가 더욱 높아지고 있다.

　오늘날 많은 기업이 인공지능을 활용해 방대한 재무 데이터를 신속하게 처리한다. AI는 거래 기록, 매출 추이, 다양한 경영 지표를 실시간으로 분석해 패턴과 이상 징후를 찾아낸다. 반복적으로 발생하는 회계 처리나 복잡한 재무제표 입력 작업은 자동화 시스템이 대신 처리한다. 재무 담당자는 ai가 만든 자료를 통해 더 전략적인 의사결정에 집중한다.

최근 인공지능의 데이터 분석 기법은 눈에 띄지 않는 위험까지 포착한다. 금융 사기를 탐지하는 알고리즘은 수많은 거래 중 비정상적이거나 위험한 패턴을 빠르게 잡아낸다. 기업은 손실 가능성을 줄이고, 투명하고 효율적으로 운영된다. 외부의 경제 데이터와 기업 내부 정보를 종합 분석해, 이전에는 미처 고려하지 못했던 변수까지 반영한 미래 재무 전략도 제안할 수 있다.

재무 분야도 AI의 발전에 맞춰 변화하고 있다. 가까운 미래에는 기업이 전략회의나 결산에만 의존하지 않고, 실시간으로 업데이트되는 재무 대시보드를 통해 주요 상황을 포착하게 된다. 각종 지표와 시장 신호, 정치와 경제의 급변뿐 아니라 예상치 못한 변수들을 AI가 알아서 시뮬레이션하고, 여러 가정에 따른 최적의 대응 방안을 제시한다.

원자재 가격 예측은 AI가 탁월한 분석 도구로 활용되지만, 현장 경험과 복잡한 변수들까지 모두 포괄하기 위해서는 인간의 세심한 점검이 필요하다. AI는 현 흐름, 대출 상황, 투자 프로젝선 수단 등을 종합적으로 분석해 자금 관리와 투자 방향을 신속히 제안하며, 경제적 수요, 소비자 심리, 글로벌 공급망의 위험과 같은 다양한 요소는 물론, 소셜미디어에서 발생하는 이슈까지 실시간으로 반영해 위험 신호를 알린다. 또한, 새로운 국가 규제가 시행될 경우 이를 분석해 관련 법률의 영향을 예측하고 리스크를 빠르게 파악하며, 여러 국가 간 거래에서 발생하는 환율 변화와 규정도 자동으로 추적한다.

다만, 이러한 기술이 모든 상황을 완벽히 고려하지는 못하기 때문에, AI가 놓칠 수 있는 잠재적 변수나 예측 불가능한 상황에서는 인간의 통찰과 세심한 점검이 반드시 필요하다. AI의 분석과 인간의 판단이 조화를 이루어야 비로소 예측의 정확성과 활용도가 극대화될 수 있다.

예를 들어, 미국의 전 세계 수입품 대상 대규모 관세 정책이 현실화될 경우, AI는 관련 뉴스를 자동으로 모니터링하고 관세율 변동 데이터와 실시간으로 연계하여 즉각적인 분석을 제공할 수 있다. 또한 주요 거래처별 관세 부담 예측, 공급망 재구성 시뮬레이션, 비용 증가에 따른 현금 흐름 변화까지 자동으로 계산해 경영진에게 다양한 대처 시나리오를 신속하게 제시한다. 이처럼 AI는 예상치 못한 정책 변화에도 기업이 빠르게 대응 전략을 수립할 수 있도록 실질적인 의사결정 지원을 제공한다.

미래의 AI 재무 시스템은 한 가지 해답만 내놓지 않는다. 다양한 선택지의 위험과 기회, 단기 충격과 장기 이익을 균형 있게 보여준다. 예를 들어, 설비 투자 비용을 줄이면 단기적으로 안정적이지만, 장기적으로는 생산량이 줄고 매출 증가도 둔화될 수 있다는 식의 다층적 분석 결과를 길게 내놓는다. 의사결정자는 이 보고서를 토대로 불확실성에도 더욱 주도적으로 대응한다.

재무 업무의 일상적 모습은 크게 달라지고 있다. 정기 결산, 예산 계획, 위험 점검 등 반복적 작업은 AI가 자동화하면서 인간의 개입이 필요하지 않은 경우가 늘어나고 있다. 하지만 재무 담당자는 단순한 데이터 분석을 넘어서 결과를 바탕으로 조직의 전략 방향을 제시하고, 상황의 맥락을 해석해 경영진과 이해관계자들에게 가치 있는 통찰을 공유하는 역할이 더욱 중요해졌다. 특히 AI가 수집한 결과를 그대로 받아들이는 것이 아니라, 데이터뿐만 아니라 뉴스, 평판, 산업 변화 등 정량화되지 않는 정보를 직접 검토해 시장의 흐름에 맞는 새로운 관점을 제시해야 한다. 이를 통해 AI가 실시간으로 분석한 결과와 인간의 전략적 통찰이 결합되어 예측의 정확도를 높이고 조직의 경쟁력을 강화할 수 있다.

인공지능이 재무 업무에 폭넓게 활용될수록 데이터 보안과 개인정보 보호 그리고 알고리즘의 공정성 같은 윤리적 쟁점이 더욱 중요하게 떠오른다.

AI가 방대한 정보를 분석하고 의사결정에 관여하는 과정에서, 민감한 자료가 유출되거나 잘못된 데이터 분석으로 편향된 결과가 도출될 위험도 배제할 수 없다.

이를 방지하기 위해서는 모든 과정이 투명하게
관리되고, 책임 있는 AI 활용을 위한 기업 차원의
윤리 원칙과 지속적인 점검 체계가
반드시 마련되어야 한다.

AI와의 협업이 발전하면, 기업은 위기 발생 전에 자금 계획을 수정하고 규제 때문에 문제가 생기기 전에 위험을 회피하며, 시장 변화에도 누구보다 빨리 반응한다. 재무 전략은 점점 더 유연해지고, 불확실한 환경에서도 흔들리지 않는 체질이 된다. 미래의 재무 전문가는 AI가 주는 수많은 수치와 대안에서 핵심을 뽑아내고, 회사의 목표에 맞는 선택으로 연결하는 역량이 중요해진다. AI는 완벽한 해답이 아니라 더 나은 선택지와 시나리오를 함께 만들어내는 든든한 동료처럼 작동한다.

기술과 인간의 판단이 자연스럽게 조화를 이루는
새로운 재무의 시대가 열린다.

김예일(경영학부)

미래를 달리는 AI 택시

현재 우리는 AI 기술의 급속한 발전이 가져오는 거대한 사회적 변화를 경험하고 있다. 이미 주변에만 봐도, 학생들, 직장인들은 자료 조사를 챗GPT와 같은 AI를 활용하고 있고, AI가 대신 음악도 만들어주며, 심지어 텍스트만 입력하면, 영화를 만들어주는 시대가 오고 있다. 이러한 흐름 속에서 우리의 일상적 이동 수단인 택시 산업 또한 가까운 미래에 완전히 새로운 모습으로 변모할 것이다.

미래 택시 산업의 핵심은 '중앙 인공지능(중앙 AI)'이라는 강력한 통제 시스템에 있다. 중앙 인공지능은 도시 전역의 모든 AI 택시를 총괄하고, 운영 상황을 실시간으로 관리하는 중추 역할을 맡게 된다. 쉽게 말해 도시 전체를 커버하는 거대한 교통관제센터의 두뇌와 같은 기능을 수행한다.

중앙 AI는 모든 택시로부터 수집된 방대한 양의 데이터를 분석하여 교통 흐름, 도로 상황, 승객 수요를 예측하고 최적화한다. 각 택시의 하위 AI는 독립적인 판단 능력을 갖추고 있지만, 이들은 언제나 중앙 AI의 명령과 지침 아래에서 움직인다. 예를 들어, 교통 혼잡이 예상되는 지역이나 시간대가 있으면 중앙 AI가 사전에 하위 AI들에게 해당 지역의 우회를 지시하거나 탑승객의 요청에 따라 효율적인 합승 경로를 실시간으로 구성하게 된다.

중앙 AI는 클라우드 기반의 시스템을 사용하여 초고속 데이터 처리와 인공지능 알고리즘을 통해 실시간으로 차량의 이동 경로, 승객 서비스, 유지 보수 일정 등을 관리한다. 특히, 각 택시 AI로부터 수집된 사용자 데이터를 분석하여 개인 맞춤형 서비스를 제공할 수 있게 한다. 중앙 AI는 각 사용자의 선호 사항을 기억하고, 사용자가 택시에 탑승하는 즉시 맞춤형 설정을 자동 적용하여 편안한 환경을 제공한다.

중앙 인공지능은 미래 택시 산업의 중심에서 각 택시 AI들을 총괄하며, 효율적이고 안전한 도시 이동 환경을 구축하는 데 있어 필수적이고 핵심적인 역할을 수행하게 될 것이다.

하지만, 이처럼 AI 택시가 도시를 누비는 미래라 해도, 인간의 역할이 완전히 사라지는 것은 아니다. 오히려 사람은 기술과 협업하며 더 깊이 관여하게 된다. 하위 AI는 중앙 AI가 통제하지만, 중앙 AI를 통제하는 상위 보스는 인간의 영역이기 때문이다.

 그 역할이 바로 AI 시스템을 감독하고 이상 징후를 감지하는 '휴먼 코디네이터'이다. 휴먼 코디네이터는 복잡한 윤리적 판단이 필요한 순간에 직접 개입하여 판단을 내리는 역할을 수행한다. 또한, AI 택시의 주행 데이터를 분석하고 개선 방향을 제시하는 역할도 수행한다. 예를 들어, AI 택시가 사고를 당했을 때, 즉각적으로 택시의 AI가 휴먼 코디네이터에게 연결하여, 탑승자와 즉각적으로 소통하여 안심시키고, 실시간으로 AI가 보내준 정보 값과 영상으로 AI와 소통해 사고 경위를 파악한다.

 또한, 경찰, 보험사와 연결해 즉각적 후속 조치를 진행하는 역할도 맡는다. 결국, 긴급상황에서 탑승자를 안심시킬 수 있는 것은 AI가 아닌 인간만이 가능하기 때문이다. 쉽게 말해 '휴먼 코디네이터'는 사람(손님)과 인공지능(택시 운전사) 사이의 이질감 혹은 문제 발생 시 개입해 주는 윤활유 같은 존재인 것이다. 흔히 우리 주변에 있는 콜센터 직원이자 보험사 직원에서 조금 더 AI에 전문화되고, 법적으로 AI를 관리하는 형태의 직업이 '휴먼 코디네이터'라는 직업이다.

미래의 도로는 AI 차량이 훨씬 많아질 것이다. 도로 위에 사람이 운전하는 차가 아니라 모든 차가 AI인것이다. 그 과정에서 각각의 택시 AI끼리 알고리즘이 충돌, 즉, 판단이 불일치해 교통정체를 유발하거나 문제가 발생할 수밖에 없을 것이다.

이때 이를 감지하고 중앙 AI에 우선순위 프로토콜 임시 적용 지시등의 일 처리로 하위 AI 간의 협상 중재자 역할도 수행하는 것이다.

한편, 탑승자의 경험을 더욱 감성적으로 풍부하게 만들어주는 일 역시 인간의 손길이 닿아야 한다. 택시 AI가 제공하는 서비스의 방향성과 감정 반응은 '감성 UX 설계자'가 조율하고, 특정 승객의 특이 취향이나 요구사항은 인간이 직접 프로파일링하여 반영할 수 있다. 기술은 감정의 디테일까지 완전히 이해하지 못하기 때문에, 그 사이를 사람의 감성과 창의성이 메워주는 것이다.

이처럼 AI와 인간이 서로의 강점을 결합해 조화를 이룰 때, 비로소 우리는 진정한 의미에서 편리하고 안전한 미래형 교통 환경을 실현할 수 있을 것이다.

기술의 발전이 가져오는 효율성은 인간의 따뜻한 감성과 연결될 때 더욱 빛을 발하며, 우리는 그 속에서 더 나은 도시, 더 인간적인 이동, 그리고 모두를 위한 공존의 미래를 만들어갈 수 있다.

결국 미래의 교통은 단순히 목적지에 도달하는 수단을 넘어, 사람과 기술이 함께 그려내는 새로운 삶의 공간이 될 것이다.

최준선(광고홍보학과)

02
꿈이 머무는 풍경

김다희
박은영
손민형
이강희
이은주
남동우
한수빈
윤세현

친구보다 가까운, 나만의 버추얼 뮤즈

　최근 기술의 발전과 팬덤의 성장에 힘입어, 버추얼 아이돌은 새로운 엔터테인먼트 장르로 자리 잡았다. 버추얼 아이돌(Virtual Idol)은 가상의 캐릭터가 실제 아이돌처럼 활동하는 존재를 말한다. AI, 모션 캡처, 실시간 렌더링 같은 기술을 활용하여 버추얼 아이돌은 노래, 춤, 방송 등 여러 활동까지 실제 인간 아이돌과 거의 유사한 방식으로 팬들과 소통한다.

　10년 뒤인 2035년, 버추얼 아이돌은 더 이상 특별하지도, 낯설지도 않은 존재가 된다. AI 기술의 비약적인 발전 덕분에 버추얼 아이돌은 정체기를 지나 빠르게 성장할 것이며, 인간 아이돌이 맞닥뜨리는 한계를 뛰어넘을 것이다. 물론 여전히 일부 사람들은 버추얼 아이돌을 가짜라고 여기거나, 현실감이 부족하다고 비판할 것이다. 그럼에도 불구하고 버추얼 아이돌이 앞으로 계속 성장할 것이라 믿는 이유는 이들이 인간 아이돌은 상상도 못 할 발전 가능성과 잠재력을 품고 있기 때문이다.

 10년 후, 버추얼 아이돌은 '촉각 피드백 기술'을 활용한 인터랙티브 소통으로 아이돌 산업에 새로운 패러다임을 제시할 것이다. 촉각 피드백 기술은 전자파, 진동 장치, 공기 튜브 및 마이크로 펌프가 내장된 슈트와 VR 기기를 통해 구현된다. 이 기술을 활용한다면, 팬들은 버추얼 아이돌과의 '퍼스널 라이브룸'을 통해 언제 어디서든 원하는 시간에 자유로운 1:1 소통이 가능하도록 변화할 것이다. '퍼스널 라이브룸'은 팬이 비싼 비용을 지불하고 겨우 1~2분 정도 대화할 수 있었던 기존 인간 아이돌과의 팬미팅과는 달리, 촉각 피드백 기술과 VR을 활용해 언제 어디서든 원하는 시간에 버추얼 아이돌과 자유롭게 1:1 소통을 즐길 수 있는 공간이다. 버추얼 아이돌과의 '퍼스널 라이브룸'에서는 팬이 직접 대화의 길이와 방식, 감각적 경험까지 선택할 수 있다.

 예를 들어, 팬이 손을 내밀면 버추얼 아이돌이 손을 잡아주고, 그 감각이 햅틱 장치와 진동 장치를 통해 실제로 손에 전달된다. 단순히 화면으로 보는 콘텐츠를 넘어, 직접 느끼고 반응하는 상호작용이 가능해지며 팬들은 가상 세계에서 현실감 넘치는 감정 교류를 경험할 수 있다. 이는 기존 아이돌의 팬미팅이나 콘서트와 비교해도 더욱 몰입감 있고, 팬 개인의 경험을 커스터마이즈할 수 있다는 점은 큰 메리트를 제공한다. 이 기술은 인간 아이돌에 익숙한 나머지 버추얼 아이돌을 배척하던 기존 대중들에게 새로운 형태의 감각적 교감을 제시함으로써, 가상의 한계를 실감 나는 체험으로 극복하게 만든다. 단순한 시청각 자극을 넘어, 실제 접촉을 모사하는 촉각 피드백은 관객이 느끼는 거리감을 좁히고 정서적 몰입도를 높여, 버추얼이라는 형식 자체에 대한 거부감을 자연스럽게 누그러뜨리는 역할을 한다.

이를 구현함에 있어 가장 중요한 부분은 사용자 경험의 몰입감과 감각적 사실감을 제공하면서도 윤리적 경계를 철저히 지키는 시스템 설계이다. 촉각 피드백 기술은 손, 어깨, 머리 등 일상적이고 공감 가능한 신체 부위에만 반응하도록 사전 설정되어야 하며, 민감하거나 성적인 의미로 해석될 수 있는 신체 부위는 시스템적으로 터치가 불가능 하도록 차단 될 것이다. 이를 통해 감각적 인터랙션의 한계를 명확히 설정함으로써, 사용자에게는 몰입감 있는 교감을 제공하면서도 사회적·도덕적 기준을 준수하는 안전한 인터페이스가 구현된다.

촉각 피드백 기술은 '가짜인 줄만 알았는데, 진짜보다 더 몰입되네?'와 같은 감정을 유도할 수 있다는 게 핵심이다. 촉각 피드백은 시청각만으로는 넘을 수 없었던 현실감의 벽을 허무는 기술로서, 버추얼 아이돌에 비판적이던 사람들도 한 번쯤은 경험해보고 싶게 만드는 매력을 지니게 될 것이다. 나아가, 버추얼 아이돌은 인간 아이돌이 지닌 물리적 한계와 현실적 부담을 뛰어넘는다는 점에서 새로운 가능성을 제시한다. 인간 아이돌은 시간, 체력, 사생활 보호 등 여러 현실적 제약 속에서 활동하지만, 버추얼 아이돌은 24시간 팬과 소통할 수 있으며, 국가나 언어의 장벽을 뛰어넘는 글로벌 활동도 훨씬 유연하다. 동시에 외모, 연령, 성별 등에 대한 고정관념에서 자유롭기 때문에 더 다양한 개성과 메시지를 담아낼 수 있다.

무엇보다 중요한 점은, 현재 활동 중인 인간 아이돌이 아무리 뛰어난 재능과 매력을 지녔다 하더라도, 결국 현실의 제약에서 완전히 벗어나기는 어렵다는 것이다. 반면, 버추얼 아이돌은 기술의 발전과 함께 끊임없이 확장되고 진화할 수 있으며, 팬의 요구에 실시간으로 반응하고 맞춤형 콘텐츠를 제공하는 데도 유리하다. 이는 소비자의 입장에서 더 깊이 있는 팬 경험을 가능하게 하며, 몰입감 있고 지속적인 관계 형성을 이끈다. 따라서 지금 우리가 '잘 되고 있는 인간 아이돌'이 있음에도 불구하고 버추얼 아이돌을 주목해야 하는 이유는, 단순한 대체재로서가 아니라 완전히 새로운 차원의 감각과 소통, 몰입과 정서적 교감을 제공하기 때문이다. 버추얼 아이돌은 단순히 기술의 산물이 아니라, 팬과 아이돌 관계의 진화된 형태이자, 대중문화가 나아갈 다음 단계를 보여주는 상징이기도 하다.

버추얼 아이돌은 AI 기반 감정 분석 기능을 통해 공감과 위로의 콘텐츠를 제공할 수 있다. 인간 아이돌의 경우, 팬과의 소통에는 일정한 한계가 있지만, 버추얼 아이돌은 실시간 감정 분석을 통해 팬의 심리 상태에 맞춰 반응할 수 있다. 예를 들어, 팬이 우울하거나 스트레스를 받을 때, 버추얼 아이돌은 음성, 수화, 텍스트, 몸짓 등 다양한 형태로 감정적으로 공감하는 메시지를 전달한다. 또한 버추얼 아이돌의 공감 및 위로 콘텐츠는 팬의 개인 기기와 연동되어, 기분 상태에 따라 음악 앱의 추천곡, 인터페이스(UI) 디자인, 알고리즘 기반 콘텐츠 추천 등이 유동적으로 변화하도록 설계될 수 있다. 예를 들어 사용자가 우울하거나 지쳐 있는 상태일 경우, 밝고 따뜻한 분위기의 음악이 자동 추천되고, 화면에는 부드러운 색감과 아이돌의 위로 메시지가 함께 나타나는 방식이다. 반대로 기분이 들떠 있거나 활력이 넘치는 상태에서는 에너지 넘치는 음악과 함께 다이내믹

한 인터페이스가 적용되어, 사용자의 정서 상태에 맞춘 몰입형 경험을 완성하게 된다. 이처럼 AI 기반 감정 인식과 개인화 시스템의 결합은, 버추얼 아이돌을 단순한 콘텐츠 소비 대상이 아닌 '정서적 동반자'로 재정의할 수 있는 가능성을 보여준다. 이러한 상호작용의 변화는 팬의 성향에 맞춰 정확하고 깊이 있는 교감을 가능하게 하며, 팬 개인의 정서적 요구에 맞춘 맞춤형 경험을 제공한다.

버추얼 아이돌은 중장년층과 노년층에게도 큰 변화를 가져올 것이다. 특히 이동이나 활동에 제약이 있는 노년층은 촉각 피드백 슈트와 VR 기기를 통해 집에서도 다양한 문화 활동에 참여할 수 있으며, 문화 소외 문제를 해결하는 데 기여할 수 있다. 뿐만 아니라 감정 분석을 기반으로 한 공감 메시지는 배우자 상실, 자녀의 독립, 은퇴 등으로 인한 감정적 공허감을 채우고, 소속감 회복과 치매 예방에도 긍정적인 영향을 미칠 수 있다. 이와 같은 점은 인간 아이돌이 제공할 수 없는, 감정적으로 더 깊이 있는 경험을 제공한다. 버추얼 아이돌은 단순한 팬과의 소통을 넘어, 각각의 팬과 더 개인적이고 진정성 있는 관계를 구축하게 된다.

이렇게 AI 버추얼 아이돌이 현실에서 경험할 수 없는 이상적인 소통과 감정 교류를 제공하며, 팬들에게 새로운 인터랙티브 경험을 선사한다는 점은 굉장한 이점이 되지만 이러한 몰입이 반복되면 현실과 가상의 경계가 흐려지고, 실제 인간관계에 대한 인식이 왜곡될 수 있다는 점은 문제가 된다. 이상화된 가상 존재에 익숙해질수록 현실의 불완전한 관계를 받아들이기 어려워지며, 결국 현실 회피나 감정적 의존으로 이어질 위험이 있다. 이러한 문제를 해결하기 위해서는 버추얼 아이돌과의 인터랙션이 현실 세계의 사회적 관계를 보완하는 방향으로 설계되어야 한다. 예를 들어, 가상 소통 경험이 팬의 정서적 안정을 돕는 동시에 현실 속 인간관계의 중요성을 인지하고 강화할 수 있도록 균형 잡힌 콘텐츠 제공과 심리적 가이드 라인을 마련해야 한다. 또한, 팬들이 가상과 현실을 명확히 구분할 수 있도록 교육적 캠페인과 사용자 맞춤형 피드백 시스템을 도입하여, 몰입 경험이 지나치게 현실 회피로 이어지지 않도록 예방하는 것이 중요하다. 이를 통해 건강한 팬 경험을 조성하고, 가상과 현실 간 긍정적 상호 보완 관계를 구축할 수 있을 것이다.

비약적인 발전을 통해 결국 AI 버추얼 아이돌의 발전은 기존 아이돌 산업에서 제기되던 여러 윤리적 문제를 해결하는 데 기여할 것이다. AI 버추얼 아이돌은 현실 왜곡을 초래하지 않는 범위 내에서 팬들과의 감정적 소통을 계속해서 진화시킬 수 있다. 이들은 팬 개인의 요구에 맞춘 맞춤형 서비스를 제공하며, 인간 아이돌이 겪을 수 있는 개인적인 한계를 넘어서 무한한 가능성을 열어준다. 결국 버추얼 아이돌은 기술 진보와 함께 더 큰 감동과 연결을 제공하는 존재로 발전할 것이다.

지금의 비난과 조롱은 사라지고,
머지않아 그들은 따뜻한 공감과 위로를 전하는
대중적인 존재로 자리매김할 것이다.

김다희(문화콘텐츠학과)

우주로 가는 티켓

어릴 적, 밤하늘을 올려다보며 누구나 한 번쯤은 꿈꾸는 것이 있다. 저 별들 사이를 떠다니는 상상 말이다. '별이 수놓인 하늘 너머엔 어떤 세계가 펼쳐져 있을까?'

인류는 그 꿈을 현실로 만들어 달에 발을 디뎠고, 화성을 탐사했으며, 이제는 태양계 너머를 바라보고 있다.

하지만 현실은 냉혹하다. 우주에 가려면 몇 년의 준비와 수백억의 비용이 필요하다. 그래서 사람들은 생각한다. '직접 갈 수 없다면, 적어도 그 느낌만이라도 경험해보고 싶어.'

10년 후, Universe Studio는 그 불가능을 가능하게 만든다. AI, VR, MR, 햅틱 피드백이 결합된 이곳에서는 누구나 진짜 우주비행사가 될 수 있다. 단순한 구경이 아니라, 오감으로 체험하는 진짜 우주 여행이다.

우주 훈련 존 – "지금부터 당신은 우주비행사입니다!"

문을 여는 순간부터 다르다. 여기서는 관광객이 아니라 우주비행사 후보생이 된다.

AI 퍼스널 우주비행사 분석기가 먼저 당신을 분석한다. 키, 체형, 운동 능력, 성향까지 입력하면 나만의 우주비행사 프로필이 완성된다. NASA 스타일의 개인 우주 신분증까지 받는 순간, 진짜 우주비행사가 된 기분이다. AI는 이 데이터를 바탕으로 개인 맞춤형 훈련 코스를 설계하고, 실력에 맞춰 난이도를 조절한다.

이제 훈련을 시작한다. G-포스 시뮬레이터에서 로켓 발사 시 느끼는 3~4G의 강력한 중력을 온몸으로 체험하는 순간, 진짜 우주로 떠나는 것처럼 느껴진다. AI가 실시간으로 심박수와 호흡, 근육 반응을 모니터링하며 속도를 조절해 안전하면서도 스릴 넘치는 경험을 선사한다.

하지만 진짜 하이라이트는 우주워크 준비 훈련기이다. 와이어와 VR로 국제우주정거장에서 유영하는 느낌을 구현하고, Teslasuit 같은 전신 햅틱 슈트를 입으면 우주복 속 촉감과 추위, 진동까지 생생하게 전달된다. 전기 자극으로 근육을 수축시키고 감각 신경을 자극해 진짜 우주에 있는 듯한 착각을 불러일으킨다.

물론 재미도 빼놓을 수 없다. 우주복 포토존에서 인증샷을 찍고, 체력 테스트 놀이터에서 가족과 함께 즐길 수 있어 남녀노소 모두가 만족한다.

우주 여행 존 – "이제, 우주로 출발합니다!"

훈련을 마치고 드디어 진짜 우주 여행이 시작된다. 여기서는 무중력 상태와 우주 속 일상을 마치 실제처럼 경험할 수 있다.

제로-그래비티 챔버에 들어서면 세상이 바뀐다. VR과 AI 모션 보정 슈트를 착용하고 무중력 상태에서 둥둥 떠다니는 느낌을 체험하는 순간, 정말 우주에 있는 것 같다. 햅틱 시스템이 손끝의 감촉부터 공중에 떠다니는 느낌까지 섬세하게 전달한다. 무중력 상태에서 음식 먹기, 물건 잡기, 심지어 우주 화장실 이용까지 실제 우주비행사의 일상을 모두 경험할 수 있다.

AI 우주비행사 동행 시뮬레이터는 더욱 특별하다. AI 동료와 함께 우주 임무를 수행하는데, 단순히 명령을 따르는 것이 아니라 진짜 대화를 나누고, 선택에 따라 스토리가 달라진다. 마치 진짜 동료와 함께하는 듯한 느낌이다. AI 동료는 실시간으로 심리 상태까지 체크해 멘탈 관리도 해준다.

VR 우주선 조종석 체험에서는 진짜 파일럿이 된다. 발사부터 궤도 진입, 도킹까지 모든 과정을 본인의 목소리로 조종할 수 있다. AI가 실력에 맞춰 난이도를 조절하니 누구나 성공적으로 미션을 완수할 수 있다.

체험 후에는 실제 우주선 내부를 재현한 카페에서 휴식을 취하고, 우주식도 시식해보며, 특별한 기념품도 살 수 있어 완벽한 우주 여행을 완성한다.

우주 생존 존 - "당신은 지금 화성에 있습니다"

이제 진짜 도전이 시작된다. 우주에서 생존하는 경험, 예상치 못한 위기를 극복하는 것이 핵심이다.

화성 기지 생존 시뮬레이션에서는 순식간에 화성의 척박한 환경에 내던져진다. MR(혼합현실)과 AI 기반 기후 변화 시스템이 모래폭풍과 정전, 자원 고갈 같은 위기 상황을 실제처럼 연출한다. 직접 산소 필터를 교체하고, 태양광 패널을 복구하며, 물까지 만들어야 한다. 마치 영화 '마션'의 주인공이 된 기분이다.

특히 우주 정신건강 트레이닝 룸은 독특하다. 고립된 우주 환경에서 가장 중요한 것은 멘탈 관리인데, AI가 감정을 분석해 스트레스 상태를 실시간으로 알려주고, 디지털 심리 코치봇이 마음 훈련을 도와준다. 우주에 혼자 고립되어 심리적으로 불안한 마음을 해소해 준다.

비상사태 대응 시뮬레이터에서는 진짜 아드레날린이 솟는다. 산소 누출이나 충돌 경보 같은 위급상황이 무작위로 발생한다. 현실처럼 느껴져 실제로 당황하며 식은땀을 흘릴 수도 있다. 하지만, 이 모든 것을 AI 내러티브 엔진과 음성 인식 시스템을 통해 직접 대응해야 한다. 붉은 조명과 좁은 통로가 만드는 긴장감 속에서 정말 화성 기지에 갇힌 듯한 몰입감을 느낄 수 있다.

체험을 마치고는 아이들을 위한 화성 테마 놀이터에서 놀거나 우주용 생존 키트 같은 굿즈 코너를 구경하며 온 가족이 교육과 재미를 동시에 누릴 수 있다.

지구 귀환 존 – "Welcome to Earth"

마침내 지구로 돌아올 시간이다. 주어진 모든 훈련과 미션을 마치고 집으로 돌아오게 된다.

지구 대기권 재진입 시뮬레이션은 마지막 스릴을 선사한다.

AI가 다양한 상황을 연출하는데, 재진입 각도를 잘못 설정하면 열에 휩싸이고, 기체 고장이 나기도 한다. 열 충격 VR과 진동, 온도 피드백이 더해져 정말 대기권을 뚫고 들어오는 것 같은 실감 나는 경험을 제공한다.

귀환 후에는 헬스 체크 시스템에서 AI가 생체 데이터를 분석한다. 우주 생활 이후의 근육 약화와 체온 변화, 자율신경 반응까지 모두 보여주고 전문적인 피드백을 제공한다. 진짜 우주에서 돌아온 것처럼 느껴진다.

지구 귀환 존에는 우주 체험의 대미를 장식할 다양한 즐길 거리가 준비되어 있다. 지구 귀환을 기념하는 포토존에서 인증샷을 찍고, 나만의 귀환 인증 메달을 만들며, 지구 모양 디저트로 달콤한 마무리까지 할 수 있다.

진짜 우주를 경험하는 곳

Universe Studio는 단순히 구경하는 곳이 아니다. 실제 우주에 다녀온 것 같은 몰입감과 감동을 선사하는 완전히 새로운 차원의 체험 공간이다.

물론 정교한 AI와 로봇이 인간의 감각과 행동에 직접 관여하는 만큼, 윤리적이고 법적인 기준이 중요하다. AI의 투명성과 공정성, 책임성을 중심으로 한 가이드라인이 마련되고, 생체 정보 보호와 사용자 안전이 철저히 지켜져야 한다.

 하지만 그 모든 것이 완벽하게 갖춰졌을 때, Universe Studio는 누구나 진짜 우주비행사처럼 훈련하고, 떠나고, 살아보고, 돌아오는 경험을 할 수 있는 곳이 된다. 진짜 우주에 가는 것은 여전히 어렵지만, 이곳에서는 그 느낌을 현실감 있고, 안전하며, 재미있게 경험할 수 있다.

 아이든 어른이든, 처음 온 사람이든 우주 덕후든, 누구나 자기만의 방식으로 우주를 만날 수 있게 된다.

자,
이제 우리는 잠시 지구를 떠나 우주로 갈 차례다.

박은영(글로벌문화통상학부)

여행, 가는 곳보다 느끼는 것이 중요해졌다

2035년, 여행은 더 이상 단순한 여가 활동이 아니다. 그날 느낀 감정이 데이터가 되고, 그 데이터가 실제 수익이 되는 시대다. 감정을 기록하고 거래하는 기술은 인간 경험의 가치를 새롭게 정의하고 있다. 특히 여행처럼 감정의 변화가 풍부한 순간은 말 그대로 '자산화'될 수 있는 기회가 된다. 새로운 개념의 여행은 준비가 간단하다. 스마트폰에 손가락만 한 AI 감정 모듈을 끼우고 손목에 전용 AI 팔찌를 착용하면 된다. 모듈은 카메라와 마이크로 얼굴 표정, 목소리의 떨림, 주변 풍경을 자동 분석하고, 팔찌는 피부의 미세한 혈류 변화로 맥박을 실시간 측정한다. 감정 변화가 크게 감지되면 팔찌가 진동으로 알려주고, 전용 앱 EmotionCam이 자동으로 기록을 준비한다. 감정은 두 가지 방식으로 기록된다. 첫 번째는 직접 촬영 방식이다. 예를 들어, 분홍빛 노을이 지는 옥상 카페에서 커피를 마시던 순간, 팔찌가 진동한다. 스마트폰으로 모듈의 버튼을 누르면 AI가 얼굴 표정의 미묘한 움직임, 음성의 떨림, 높아진 맥박을 분석해 [설렘 94점]이라는 감정 점수를 기록한다. 이 점수는 여러 생리 신호와 행동 패턴을 종합 분석한 결과다. EmotionCam은 이 점수와 함께 짧은 영상, 위치, 시간 정보를 저장하고, 사용자가 원하면 이 데이터를 NFT로 변환한다. 두 번째는 자동 기록 방식이다. 자동 기록 모드를 켜두면 사용자가 따로 버튼을 누르지 않아도 AI가 감정 변화를 자동으로 기록한다. 예를 들어, 조용한 호숫가를 산책할 때 규칙적인 걸음걸이, 안정된 맥박, 주변의 자연 소리가 감지되어 [평온함 80점]이라는 감정이 자동 저장된다. 이때는 영상 대신 위치, 시간, 감정 점수만 기록되며, 사용자는 하루가 끝난 뒤 원하는 감정만 골라 NFT로 전환할 수 있다. 이렇게 수집된 감정 데이터는 여행이 끝나면 감정 데이터 마켓에 자동으로 등록된다. '설렘 94점'이 담긴 옥상 카페 영상은 게임 캐릭터의 감정 표현 학습에 활용되고, [평온함 80점]은 명상 앱이나 웨어러블 기기 연구에 사용된다. 데이터가 판매되면 사용자는 Emo코인을 받는다. 1코인은 1원의 가치를 지니며, 앱에서 교통권, 기념품, 숙소 할인권 등 다양한 리워드로 교환할 수 있다.

예를 들어 [그리움 88점]을 1만 5천 Emo에, [짜릿함 90점]을

1만 2천 Emo에 판매한 사용자는 총 2만 7천 Emo로 다음 여행의 열차 티켓과 전시관 입장료를 결제할 수 있을 것이다.

AI는 감정을 단순히 '좋다/나쁘다'로 구분하지 않는다. 설렘, 평온, 그리움, 분노, 공포, 당황, 만족 등 세분화된 감정 항목을 사용하며, 얼굴 표정, 맥박 변화, 음성 높낮이 등 다양한 신호를 정밀하게 분석한다. 기술은 복잡하지만, 사용자는 자연스럽게 감정을 기록할 수 있다.

하지만 이 기술이 항상 긍정적인 결과만을 가져오는 것은 아니다. 예를 들어, 어떤 사용자는 교통사고 현장을 우연히 목격하자마자 빠르게 감정 모듈을 작동시켜 '극도의 공포' 감정을 기록했고, 이 데이터를 높은 가격에 판매했다. 이후 비슷한 사례들이 잇따르면서, 일부 사용자들은 자극적인 장면을 일부러 찾아다니거나 위험한 장소에 접근해 감정 점수를 높이려는 시도를 하기도 했다.

이런 문제를 막기 위해 감정 플랫폼은 보다 정교한 대응 체계를 갖추고 있다. 예를 들어, 사용자의 심박수가 갑자기 상승하거나 움직임이 지나치게 격해지면, 시스템은 이를 감지해 감정 기록을 자동으로 일시 중단한다. 또, 촬영된 장면에 비명 소리나 충격적인 이미지가 포함된 경우, 해당 데이터는 NFT로 변환되지 않고 검토 대기 상태로 전환된다.

그 밖에도 공익을 해치거나 타인에게 피해를 줄 수 있는 콘텐츠는 사용자 신고가 일정 횟수 이상 누적되면, 해당 계정의 감정 데이터 거래가 제한되며 기록 자체가 무효 처리될 수 있다.

감정은 이제 단순한 감정이 아니다. 그것은 저장되고, 공유되며, 여정을 위한 투자 자산이 되는 시대.

당신이 오늘 느낀
감정은 내일의 기회가 될 수 있다.

손민형(산업디자인학과)

Next Play, 미래의 야구장

2035년, 새로운 야구장이 열린다. 단순히 경기를 관람하는 공간이 아니다. 이곳은 '스마트 스포츠 야구장'이다. 야구장을 중심으로 테마파크, 체험 공간 등이 유기적으로 연결되어 하나의 거대한 엔터테인먼트 경기장을 이룬다. 이 야구장은 하루 종일 머무르며, 놀고, 먹고, 체험하고, 응원할 수 있는 진정한 팬들의 성지다.

경기가 시작되기 전, 관람객은 입장할 때 전용 앱을 통해 자신의 '야구 취향'을 등록한다. 규칙이 어려운 초보자인지, 팀 전략에 관심 많은 마니아인지, 혹은 특정 선수의 플레이만 집중해서 보고 싶은지 선택할 수 있다. 경기 시작과 동시에 관람객 머리 위로 작고 조용한 인공지능 해설 드론이 날아오른다. 드론은 관객이 앉은 위치에서 가장 잘 보이는 앵글로 위치를 알아서 조정하고, 실시간으로 캐스터의 목소리를 선택하거나 해설의 난이도를 조절해준다. 예를 들어 "지금은 2사 만루 상황이고, 이 타자는 좌완 투수에게 강합니다."처럼 전략적 해설을 제공하거나, "방금 던진 공은 커브인데 회전 방향을 보면 이렇게 휘죠." 같은 디테일한 설명도 선택할 수 있다. 또한 앱으로 보고 싶은 장면을 클릭하면 드론이 고화질 리플레이 클립을 눈앞의 투명 디스플레이에 띄운다.

이제 그라운드는 '스마트 그라운드'라 불린다. 내야와 외야에 촘촘하게 심어진 센서들이 공의 속도, 회전, 바운드 높이를 실시간으로 분석한다. 선수들의 위치는 GPS 기반 트래킹 시스템으로 기록되어, 수비 위치 조정이나 주루 전략이 전광판과 앱을 통해 시각화된다. 덕분에 관람객은 눈앞에서 벌어지는 플레이를 전술적으로 해석하며 관전할 수 있다.

선수들의 장비 역시 달라졌다. 타자는 스윙마다 손잡이에 내장된 센서로 회전력, 궤도 등을 실시간 피드백 받는다. 투수는 전용 투구 데이터 글러브를 통해 각 구종의 회전축, 팔 스윙 타이밍 등을 바로 분석할 수 있다. 경기 중에도 투수코치와의 무선 피드백이 가능해 '경기 중 실시간 피드백 훈련'이 새로운 전술 문화로 자리 잡았다.

경기장 상공에는 공중 부유 관람석이 배치되어 있다. 예약제로 운영되는 이 좌석은 AI가 분석한 최적 시야각을 따라 경기 중에도 이동한다. 관객은 경기 흐름에 따라 가장 박진감 넘치는 위치에서 경기를 내려다볼 수 있다. 예를 들어, 홈런이 자주 나오는 타이밍이나 홈런 타자 타석에는 외야 상공으로 천천히 이동하기도 한다.

야구장 지하 1층에는 박스 형태로 조성된 가상현실(VR) 체험 존이 있다. 이 공간은 '타자 존'과 '수비 존'으로 나뉘어 있다. 타자 존에 들어서면 실제 선수의 스윙과 투구 데이터를 기반으로 구현된 VR 시뮬레이션이 시작된다. 가상 투수가 던지는 150km의 직구나 슬라이더를 맞히면 점수가 올라가고, 홈런을 치면 상위 랭킹에 이름이 올라간다. 수비 존에서는 외야를 뛰며 공을 잡는 체험을 하게 되는데, 예를 들어 '끝내기 다이빙 캐치' 미션에서는 실제처럼 몸을 날려 포구에 성공하면 관중 환호 소리와 함께 점수가 부여된다. 모든 기록은 앱에 저장되고, 매달 MVP가 선정돼 굿즈 등으로 보상받을 수도 있다.

지하 2층에는 '역사 속 야구'라는 이름의 홀로그램 체험관이 있다. 이곳은 고전 야구부터 2000년대 한국시리즈, 주요 경기의 명장면까지 360도 입체 홀로그램으로 구현된다. 팬은 포지션을 선택해 그 명장면 속으로 들어간다. 예를 들어 이승엽의 56호 홈런 순간에 타자로 등장해 홈런을 날릴 수 있다.

또한 구장 외야 외곽에는 야구 테마 놀이기구가 설치되어 있다. 5층의 놀이기구 입구 쪽에는 '160km 직구'를 테마로 한 롤러코스터가 있다. 탑승자는 투수의 손끝에서 공이 나가 포수의 미트에 꽂히는 궤적을 따라 순식간에 내려간다. 야구장 가장 위인 천장에서는 야구공 모양의 관람차가 천천히 돈다. 정상에 올라가면 경기장과 테마파크 전체를 한눈에 조망할 수 있으며, 야간 경기 때는 조명이 반짝이는 구장을 내려다보는 특별한 감동을 준다.

야구장 굿즈샵은 완전히 무인화되었다. 입구에 위치한 실시간 3D 프린팅 부스에서는 오늘 경기의 하이라이트 장면이 프린트된 기념구, 혹은 방금 홈런을 친 선수의 유니폼을 즉석 제작할 수 있다. 앱에서 유니폼 종류, 사이즈, 이름, 번호를 선택하면 바로 3분 안에 맞춤 제작이 완료된다. 팬은 줄 서지 않고 원하는 스타일의 굿즈를 받아갈 수 있다.

관객은 자리에 앉은 채로 앱으로 음식과 음료를 주문할 수 있다. 음식 배달 드론이 좌석 위로 다가오고, 안전하게 고정된 드론 팔에서 맥주, 핫도그, 치킨을 직접 받아든다. 관람 흐름을 끊지 않고 응원과 식사를 동시에 할 수 있다.

그리고 응원 문화도 진화한다. 관객은 스마트폰과 AR기기를 통해 경기장의 연출에 직접 참여한다. 홈런이 터지는 순간, 관객이 버튼을 누르면 경기장 조명이 팬들이 설정한 색으로 바뀌고, 음악도 개인별 테마송으로 울려퍼진다. 예를 들어, 한 선수가 홈런을 치면 전광판에는 그 선수의 별명과 함께 팬들이 남긴 실시간 응원 문구가 띄워진다.

이곳에는 그라운드 위 모든 데이터를 실시간으로 수집·반영하는 스마트 시스템이 존재한다. 선수들은 실시간 피드백을 받으며 경기 중에도 성장하고, 팬들은 AR 응원, 공중 관람석, VR 체험을 통해 경기에 몰입한다. 무인 굿즈샵과 음식 드론, 테마 놀이기구와 홀로그램 명장면 체험까지. 경기 전부터 경기 후까지 이어지는 야구의 모든 순간이 기술과 감성으로 재해석된다.

2035년의 야구장은 기술, 문화, 팬의 열정이 결합된 복합 엔터테인먼트 공간이다. 선수와 관객, 데이터와 감동이 함께 뛰는 새로운 야구의 시대다. 이제 야구장은 '경기를 보러 가는 장소'가 아니라 '야구를 경험하는 장소'이다. 10년 후, 우리가 상상한 야구장은 스포츠를 넘어선 하나의 경험 공간이자, 팬과 선수, 데이터와 문화가 함께 만드는 새로운 시대의 상징이 될 것이다.

이강희(문화콘텐츠학과)

버려진 땅이 사실은 명당이다

초고층 빌딩, 긴 도로, 네모난 블록들로 가득한 도시 속에서 우리는 점점 더 자연과 멀어지고 있다. 중국의 전통 풍수에서는 단순한 공간 배치를 넘어서, 명당이라는 말이 있듯이 기의 흐름과 지형지세의 조화를 중시하고 있다. 이제 이러한 전통 풍수와 AI가 결합하여 우리의 스마트 도시의 미래에 다시 생기를 불어넣어보면 어떨까?

그럼 먼저 중국의 전통 풍수서에는 〈양택삼요〉와 〈청오경〉이 있다.

양택삼요는 집터를 중심으로 '문(門), 주(主), 조(灶)'의 세 가지 요소를 통해 공간의 기운을 해석한다. '문'은 기가 들어오는 입구로서, 방향에 따라 집안의 운세가 달라진다. '주'는 중심 공간으로, 집 구조와 방의 배치, 침대 방향 등을 통해 정신적 안정에 영향을 주고. '조'는 부엌으로 불의 자리이며, 재물과 건강과 관련해 방향과 위치가 중요하다.

한편 청오경은 자연의 지형지세와 기의 흐름을 분석하는 이론이다. 이 책에서는 산줄기를 '룡(龍)'이라 하여 좋은 기운이 산맥을 타고 흐른다고 본다. 이 기운이 모이는 곳이 '혈(穴)'이며, 도시나 건물을 지을 때 이 지점을 찾아 활용하는 것이 핵심이다. 혈은 위성 이미지, 기상, 수질, 대기 데이터 등을 종합해 AI로 예측할 수 있다. 또한 혈 주변의 작은 산이나 구조물은 '사(砂)'라 하여 혈을 보호하거나 방해하는 요소가 된다. 물의 흐름인 '수(水)'는 도시에서는 강, 호수, 하수도 시스템 등으로 변환되어 해석할 수 있다.

여기서, 양택삼요와 청오경은 모두 기의 흐름과 공간의 길흉을 해석한다는 점에서 공통점을 가진다. 두 이론 모두 사람이 생활하거나 건물을 짓는 공간에 있어 기(氣)의 유입, 흐름을 중요하게 여기며, 이를 통해 운세, 건강, 재물 등 인간 삶에 영향을 미치는 요소를 판단한다. 또한 현대적으로는 AI 기술이나 데이터 분석을 통해 이 전통적인 개념들을 해석하거나 시각화할 수 있다는 점에서 디지털 전환과의 접점도 갖는다.

양택삼요는 실내 공간을 중심으로 분석하는 반면, 청오경은 자연지형과 외부 환경을 중시한다. 양택삼요는 집 안의 문(門), 중심 공간(主), 부엌(灶)과 같은 주거 내부 구조를 중점으로 삼고,

인테리어 배치나 방향을 통해 기운을 해석한다. 반면 청오경은 산줄기(룡), 혈(穴), 사(砂), 수(水) 등 지형지세와 물의 흐름을 분석하여 건축 입지나 도시계획에 활용된다. 즉, 양택삼요는 개별 주거 환경의 최적화에 초점을 두고, 청오경은 주변 환경과 건물 입지 선정에 초점을 둔다고 볼 수 있다.

이러한 전통 요소를 AI 분석 방식과 연결하면, 도시 설계에 새로운 가능성을 열 수 있다. 아래 표는 주요 풍수 요소가 AI 기술과 만나 도시계획에 어떻게 적용되는지를 정리한 것이다.

전통 풍수 요소	AI 분석 방식AI 분석 방식	도시계획 적용 예시
문(입구 방향)	위성 이미지 + 기류 데이터 분석	건물 입구 방향 최적 설정
주(중심 공간)	인간 동선 시뮬레이션	주거 동선 효율 및 이동 편의성 개선
조(부엌 위치)	화기-수기 충돌 지점 시각화	건강에 유리한 부엌 위치 설계 가이드
룡/혈/수	산줄기, 수맥, 중심지 AI 예측	공원, 병원, 교육시설 등의 최적 입지 도출공원, 병원, 교육시설 등의 최적 입지 도출

예를 들어, 입구 방향은 위성과 바람 흐름 데이터를 기반으로 설계되어 기의 흐름을 반영한 건축이 가능하다. 중심 공간은 시뮬레이션을 통해 일상 동선을 고려해 설계할 수 있고, 부엌은 화기와 수기의 충돌 여부를 시각화해 건강에 이로운 위치를 찾는 데 도움을 준다. 공공시설 또한 혈과 수맥 데이터를 바탕으로 시민 삶의 질을 높일 수 있는 위치에 배치할 수 있다.

이처럼 풍수 이론과 AI 분석이 결합되면 단순히 '믿음'에 의존했던 공간 설계가, '데이터'에 기반한 설득력 있는 도시 계획으로 재탄생할 수 있다. 북향 아파트를 피하고, 건물 간 거리와 기 흐름을 고려하며, 시민의 심리적 안정과 만족도를 높이는 도시. 이것이 바로 AI 풍수설계사가 만들어낼 수 있는 스마트 시티의 미래다.

AI가 풍수 이론을 바탕으로 도시를 설계하는 것은 단순한 기술 발전이 아니라 도시 거주자의 삶과 공간 활용 방식에 영향을 미치는 결정이므로 윤리적·법적 고려가 필수적이다. 데이터 수집 과정에서는 주민의 프라이버시 보호와 사용자 동의, 비식별화 등의 기술적 조치가 선행되어야 한다. 또한, AI의 판단 기준은 투명하게 설명 가능해야 한다. 풍수는 신념과 전통에 기반한 지식이므로 AI가 이를 과학적으로 재해석하더라도 정책 결정의 참고 수준에 그쳐야 하며, 무비판적으로 적용해서는 안 된다. 그리고 AI 알고리즘이 사회적 편향을 재현하거나 확대하지 않도록 설계 단계에서 형평성과 공정성을 확보해야 한다. 즉, AI 풍수 설계는 전통과 첨단 기술이 만나는 시도이지만, 윤리와 법의 기준 위에 신중하게 이루어져야 한다.

결국 AI 기반 풍수설계가 실현하는 스마트 도시는
단순히 기술적 편의성과 자동화를 넘어,
인간의 심리적 안정과 자연과의 조화를 함께 추구하는
미래형 도시이다.

이는 전통 풍수서에 담긴 자연과 인간의 공존 철학을 데이터 기반으로 재해석한 결과로, 도시는 이제 '믿음'이 아닌 과학적 분석과 시뮬레이션에 따라 설계될 수 있다. 위성 이미지, 기류, 수맥, 동선 등의 다양한 데이터를 바탕으로 건물의 방향 설정, 공공시설의 배치, 수자원 관리까지 최적화 되면, 도시는 최적의 상태를 유지하는 스마트한 공간이 될 것이다. 특히 이러한 도시는 기능성과 효율성뿐만 아니라 시민의 무의식적 정서 안정과 공동체적 만족감을 높이는 데 탁월한 효과를 지니며, 지속가능하고 정서적으로도 풍요로운 도시 환경을 만들어낸다.

결국 AI와 풍수의 융합은 동양의 전통 지혜와
첨단 기술이 만나 도시 공간을 새롭게 해석하고
설계하는, 진정한 의미의 스마트 도시를 가능하게 한다.

이은주(중국학과)

새로운 무대, 다시 태어난 베이스

　공연은 이제 단순히 음악을 듣는 시간이 아니다. 요즘 공연은 기술과 감정이 함께 어우러지는 살아 있는 경험으로 바뀌고 있다. 예전에는 무대 위 연주자와 객석의 관객이 분리되어 있었고, 기술이라고 해봐야 스피커나 조명 정도에 불과했다. 관객은 그저 음악을 듣는 입장이었고, 연주자는 미리 준비된 곡을 그대로 연주하는 것이 보통이었다. 하지만 최근에는 공연이 정해진 틀 안에서만 진행되는 것이 아니라 관객의 반응과 감정에 따라 계속 바뀌는 생생한 예술로 변하고 있다.

　이 변화는 특히 2020년대에 들어서며 더 뚜렷하게 나타난다. 공연장에는 단순한 음향 장비를 넘어서 인공지능 기술이 본격적으로 도입되기 시작했다. AI 음향 시스템은 공연장의 구조나 반사음을 분석해서 스피커 출력을 자동으로 조정하고, 모션 센서는 연주자의 움직임뿐 아니라 관객의 손짓이나 표정까지 감지해서 조명이나 이펙트를 바꿔준다. 감정 인식 AI는 얼굴 표정이나 심장 박동, 피부 반응 등을 분석해서 관객이 지루해하는지 집중하고 있는지를 판단하고 그에 따라 공연의 흐름도 바꾼다. 이처럼 기술이 공연에 깊이 들어오면서 관객은 이제 단순히 감상하는 존재가 아니라 공연의 일부로 함께 만들어가는 존재가 되었다.

그리고 2035년에는 공연이 한 단계 더 진화한다. 그때는 감정에 따라 음악을 만드는 기술이 본격적으로 자리잡는다. 공연 중에 관객의 심리 상태를 실시간으로 분석하고 그에 맞는 음악을 직접 만들어내는 시스템이 일반화된다. 예를 들어 누군가가 불안함을 느끼면 AI가 이를 파악해서 편안한 저음과 느린 템포의 음악을 생성하고 반대로 관객이 무기력해 보이면 밝고 활기찬 리듬으로 분위기를 띄운다. 이렇게 공연은 관객의 감정에 맞춰 실시간으로 반응하며 함께 만들어가는 생동감 있는 구조로 바뀌는 것이다.

이런 공연은 점점 더 감정을 중심으로 움직인다. 공연 도중 관객의 에너지가 떨어지면 음악의 리듬과 조명이 자연스럽게 활기찬 분위기로 바뀌고 감정이 고조되면 이를 더 강하게 느낄 수 있도록 음악과 무대 전체가 함께 변화한다. 그날 공연은 그날의 관객에 따라 흐름도, 연출도 모두 달라지며 같은 공연이 반복되지 않는 것이다. 즉, 공연이 마치 살아 있는 것처럼 관객의 감정에 따라 스스로 모습을 바꾼다.

이런 변화 속에서 가장 눈에 띄게 바뀌는 악기가 있다. 바로 베이스다. 원래 베이스는 리듬을 유지하는 역할에 머물렀지만 이제는 감정을 표현하는 중심 역할을 하게 된다. AI는 공연 전에 연주자가 선택한 템포나 장르, 감정 키워드를 참고해 자동으로 베이스 라인을 만든다. 이 베이스는 공연 중에도 관객의 감정에 따라 실시간으로 바뀌며 음악의 흐름을 이끈다. 공연이 차분하게 시작될 때는 부드럽고 안정적인 베이스가 흐르고 점점 감정이 고조되면 베이스도 강하고 빠르게 변해서 공연 전체를 이끌어가는 역할을 한다.

베이스는 더 이상 단순한 리듬의 배경이 아니라 그날 공연이 어떤 분위기인지 감정적으로 어떻게 흘러가는지를 보여주는 중요한 기준이 된다. 관객은 베이스 소리만 들어도 지금 어떤 감정을 느끼고 있는지 공연이 어디로 가고 있는지를 자연스럽게 받아들이게 된다. 앞으로는 AI가 관객의 감정을 분석하고 그에 맞게 베이스를 계속 바꿔주는 공연이 보편화될 것이다.

음악은 원래 감정을 위로하고 치유하는 힘이 있다. 하지만 앞으로는 이 역할이 더 구체적이고 실질적으로 확대될 것이다. AI는 사람들의 생리적 신호를 분석해 그에 맞는 음악을 만들어낸다. 예를 들어 스트레스를 받은 사람에게는 안정감을 주는 차분한 음악을 제공하고 피곤하거나 지친 사람에게는 활력을 주는 음악을 틀어준다. 이런 기술은 공연뿐 아니라 일상 속에서도 쓰이게 되고, 개인 맞춤형 음악 치료로 발전할 수 있다.

AI는 이제 음악을 단순히 들려주는 기술이 아니라 사람의 감정을 읽고 회복시키는 도구로 쓰이게 된다. 공연은 감정을 표현하는 것을 넘어서 감정을 회복하고 정리하는 과정이 되는 것이다.

결국 10년 후의 공연은 음악을 듣는 자리를 넘어서 살아 있는 예술로 진화한다. AI와 함께 공연은 관객의 감정과 반응에 따라 계속 변하고 음악, 조명, 영상이 유기적으로 연결되어 하나의 작품을 만든다. 이 중심에는 바로 감정을 이끌고 표현하는 베이스가 있다.

이제 베이스는 단순히 리듬을 만드는 악기가 아니라
공연의 감정을 주도하고 연결하는 가장 중요한
역할을 하게 된다.

남동우(컴퓨터학부)

느낀다는 것, 떠난다는 것

 요즘은 어디론가 훌쩍 떠나고 싶다는 말이 입버릇처럼 나온다. 막연한 휴식이 아니라, 지금 있는 이곳이 아닌 어딘가로 사라지고 싶은 기분. 하지만 현실은 냉정하다. 수업, 과제, 알바, 팀플… 쉬는 날조차 뭘 하지 못한 채 지나가기 일쑤다. 나만 이런 건 아닐 거다. 친구들도 다들 비슷하게 바쁘고, 돈도 시간도 자유롭지 않다. 여행을 가기에는 시간도 부족하고, 돈도 부족하다. 또 여행 일정을 잡는다고 하더라도 그 날의 날씨가 좋지 않다면 취소해야하는 귀찮음이 생기게 된다. 그러다 문득 이런 생각이 들었다. 굳이 물리적으로 떠나야만 여행일까?

 나는 우연히 학교 게시판에서 '몰입형 가상공간 여행 체험 프로그램'이라는 걸 접하게 됐다. 홍보물에 따르면, 현실처럼 오감을 자극하는 환경을 만들어서 실제로 여행하는 듯한 경험을 할 수 있다고 했다. 솔직히 처음엔 반신반의했다. 아무리 기술이 발달했다지만, 과연 감정까지 흔들릴 만큼의 경험이 될까 싶었다. 그래도 '이 정도면 그냥 무료 VR 체험이겠지'라는 마음으로 신청했다.

내가 선택한 장소는 겨울의 동해였다. 평소 겨울 바다를 좋아했지만 실제로는 잘 가지 못하는 곳이기도 했다. 기기가 세팅되자마자 하늘빛의 캡슐 포탈이 생겼고, 캡슐 안에 들어서자 모든 게 조용해졌다. 화면이 켜지고 몇 초 후, 나는 진짜로 바닷가에 서 있었다.

믿기 어려울 만큼 사실적인 장면이었다. 발밑의 모래가 까슬까슬했고, 찬 바람이 볼을 스쳤고, 코끝엔 바다 특유의 냄새가 맴돌았다. 귀에는 파도 소리와 함께 어디선가 트로트가 들려왔다. 노을이 질 적 걷는 길 주변에 포장마차도 보였고, 어묵 냄새까지 났다. 나는 그 안에서 진짜처럼 걷고, 앉고, 보고, 듣고, 느꼈다.

그 순간, 나는 내가 실제로 동해에 있는 것처럼 몰입했다. 그건 단순한 영상 체험이 아니었다. 내 감정, 움직임, 심박수에 따라 장면이 조금씩 달라졌고, AI 가이드가 내가 뭘 원하는지 묻고 반응해주기도 했다. 일방향 콘텐츠가 아니라 상호작용 중심의 체험이었던 셈이다. 처음엔 이게 신기했지만, 점점 가상 공간에서의 시간이 지날수록 익숙해졌고, 약간의 불편함이 느껴졌다.

그건 바로 '이게 너무 잘 설계되어 있다'는 감각 때문이었다. 내가 감정적으로 어떤 상태일 때 어떤 배경음이 나오는지, 언제 주변이 조용해지는지, 언제 밝아지고 어두워지는지가 지나치게 맞아떨어졌다. 마치 내 감정이 아닌, 시스템이 이끄는 시나리오 속에 있다는 생각이 들었다. 알고 보니 이 시스템은 사용자 뇌파, 심박수, 표정 등을 실시간 분석해서 반응을 조절하는 기능을 갖추고 있었다.

그때 처음으로 생각했다. 이건 나를 위로하는 여행인가, 아니면 내가 소비되는 데이터인가?

가상공간은 우리의 감정을 잘 위로해주는 도구일 수 있지만, 동시에 감정을 '분석 대상'으로 삼는 플랫폼이 되기도 한다. 내 정보는 어디까지 수집되고 있는지, 내가 내리는 선택은 진짜 내 의지인지, 아니면 시스템이 유도한 것인지 고민이 들었다. 특히 AI 가이드가 너무 자연스럽게 대화하고 감정적으로 반응할 때는, 그 위로가 진짜인가에 대한 의문도 남았다.

이후 몇 번 더 다른 여행지를 체험해봤다. 아이슬란드의 오로라를 보기 위해 가상의 레이캬비크로 떠나도 봤고, 지중해의 썬비치, 고대 로마의 유적지 등도 가상으로 떠나 체험해보았다.

각 여행지마다 체험의 질감은 달랐지만, 공통점은 몰입의 강도가 매우 높다는 것이었다. 특히 오로라를 본 날은 기억에 남는다. 하늘 위로 퍼지는 녹색 빛, 주변의 침묵, 기온에 맞춰 전달되는 한기, 바닥을 밟는 느낌까지. 그 모든 요소가 실제 경험을 능가할 정도였다. 하지만 그만큼, 내가 지금 어디에 있는지를 잠시 잊게 만드는 순간들도 있었다.

그런 경험들을 반복하면서 느낀 점은 하나다. 현실에서 경험하지 못한 감각적 충족을 가상공간이 제공해준다는 것. 물리적 장소로 떠나는 게 어렵더라도, 기술은 그 감정을 대체하거나 보완해주는 역할을 할 수 있다는 점에서 꽤 의미 있었다.

하지만 동시에 깨달은 것도 있었다. 나는 처음엔 가상여행이 현실 여행의 단점들을 모두 보완하고, 언젠가는 이를 완전히 대체할 수 있을 거라고 생각했다. 그러나 여러 번의 가상 체험을 통해 알게 되었다. 여행이란 단순히 보는 것, 듣는 것, 느끼는 것의 총합이 아니라는 걸 말이다. 여행에서 진짜 기억에 남는 것은 예상치 못한 돌발 상황, 길을 잘못들어 발견한 조용한 골목, 뜻밖의 대화, 그리고 직접 짜고 조정한 계획들이 만들어내는 고유한 흐름이었다. 가상공간은 너무나도 매끄럽고 완벽해서, 오히려 그런 '우연'이 사라져 있었다.

가상공간 여행은 놀랍도록 세밀하게 구성되어 있었다. 하지만 그것은 동시에 '무결함'이라는 이름의 단조로움을 주기도 했다. 인간은 본래 불확실성과 불편함 속에서 의미를 찾는다. 이탈리아의 작은 골목에서 길을 잃고 우연히 만난 현지인과의 짧은 대화, 갑자기 내린 소나기 때문에 들어간 카페에서 마신 따뜻한 커피 한 잔, 그런 불완전함이야말로 여행의 묘미였다. 가상 공간 속에서는 그런 일들이 일어나지 않는다. 모든 상황은 예측 가능하고, 시스템이 개입해 감정을 제어하거나 유도하기 때문이다.

게다가 진짜 사람과의 상호작용이 주는 감정은 AI와의 대화로는 완전히 대체되지 않는다. AI가 아무리 자연스럽게 말을 건넨다 해도, 그 말 뒤에 '의도'가 없다는 것을 우리는 본능적으로 감지한다. 정형화된 친절은 때로는 기계적이고, 때로는 피로하게 다가온다.

여행이 주는 깊은 감정은, 말 한마디에도 긴장하고 망설이는 사람과 사람 사이의 공기에서 비롯된다.

이후 어느 날, 진짜 기차를 타고 동해로 갔다. 완벽하지 않았고, 춥고 피곤했지만, 그 시간은 누가 설계해준 것이 아니라 내가 만든 여정이었다. 내가 고른 시간에 떠났고, 내가 걸은 길이었고, 내가 추위를 견디며 느낀 바람이었다. 그게 내겐 더 큰 위로였다. 다녀오고 나니, 가상공간에서의 체험은 흥미롭고 유용한 기술이라는 생각은 들었지만, 결국 인간은 '우연한 것'에서 더 큰 감동을 느낀다는 점을 다시 확인했다.

이제는 가끔씩, 바쁜 일상 속에서 짧게 숨을 고르고 싶을 때 가상공간 여행을 다시 떠올린다. 여전히 흥미롭고, 여전히 놀랍다. 기술이 만들어낸 또 다른 세계. 하지만 그 안에서도 결국 내가 찾는 건, 예상치 못한 장면, 계획되지 않은 순간, 그리고 내가 몰랐던 내 감정이다. 그 모든 게 모여 진짜 여행이 되니까.

가상공간은 그 시작점일 뿐, 그 끝은 여전히 현실이다. 그리고 나는 그 둘 사이를 오가며, 나만의 여행을 조금씩 만들어가고 있다.

앞으로도 가상공간 여행 기술은 계속해서 발전할 것이다. 더 섬세한 햅틱 피드백, 향기 인식 기술, 뇌파 기반 감정 분석 시스템 등이 도입된다면 그 몰입감은 지금보다 몇 배는 강해질 것이다. 가상 세계가 현실과 거의 구분되지 않을 만큼 정교해질 날도 올 것이다.

하지만 그렇다고 해서 현실 여행이 필요 없어질까? 나는 그렇게 생각하지 않는다. 오히려 두 여행 방식은 서로 보완적인 관계에 있다고 본다. 가상 여행이 주는 기술적 장점과 감정적 위로가 있다면, 현실 여행은 그 자체의 불확실성과 생생한 에너지로 우리 삶에 긴장과 활력을 준다.

가상공간이 아무리 정교해져도, 현실에서 느끼는 촉감이나 현장의 소음, 냄새처럼 '예측 불가능한 요소'는 완벽히 재현하기 어렵다. 때로는 그런 예측불가능함이 여행의 핵심이 되기도 한다. 목적지에 도착했는데 박물관이 닫혀 있었다든지, 현지 음식이 예상과 달랐다든지 하는 사소한 경험들이 결국 기억에 더 오래 남는다. 그런 뜻밖의 경험들이 쌓여 한 사람의 여행 이야기를 만든다.

　결국 여행이란, 공간을 바꾸는 것이 아니라 '나'를 바꾸는 경험이라고 생각한다. 현실이든 가상이든, 그 속에서 내가 무엇을 보고, 느끼고, 다시 생각했는지가 중요하다.

나는 가상공간에서 느꼈던 감정들을 통해
오히려 현실을 더 소중히 느끼게 되었고,
다시 떠날때는 더 큰 기대와 설렘을 갖게 됐다.

그것만으로도 이 여행은 의미 있었다.

나는 오늘도 현실에 발을 딛고, 언젠가 또 다른 여행을 꿈꾼다. 그것이 가상이든 현실이든, 결국 나를 더 잘 이해하고 싶은 마음에서 출발하는 여정이기 때문이다.

한수빈(경영학부)

기술의 손길, 마음의 결

    2035년, 디지털 과잉과 정서 불균형의 시대 속에서 사람들은 문화가 단순한 볼거리를 넘어 감정을 조율하고 정체성을 회복시키는 역할을 하길 원하게 되었다. AI 중심의 비대면 일상이 일상화되고, 인간 고유의 감정적 요구가 점점 간과되면서 감정을 섬세하게 이해하고 돌보는 새로운 문화 공간의 필요성이 커졌다. 특히 정서적 소외와 감정 분석 기술의 급속한 발전은 문화가 감정에 응답해야 하는 새로운 흐름을 만들어냈고, 이러한 배경 속에서 감정 기반 일본 문화 공간인 도쿄 큐브가 탄생하게 되었다.

    도쿄 큐브는 전통과 첨단 기술이 만나는 몰입형 체험 공간으로, 사용자의 뇌파, 표정, 호흡, 눈동자 움직임 등 생체 데이터를 실시간 분석해 감정 상태를 파악하고, 그에 알맞은 일본 문화 콘텐츠를 감정 '처방'처럼 제안한다. 일본 문화가 지닌 섬세한 감성, 여백의 미, 사계절의 정서는 감정 기반 큐레이션에 적합하며, 도쿄 큐브는 이를 기술적으로 구현해낸 첫 공간이다. 이곳은 단순한 전시장이 아니라 감정을 중심으로 콘텐츠를 구성하고 반응하는 '살아 있는 문화 공간'이다.

첫 번째 공간인 사운드 리셋 존은 감정 초기화가 필요한 사람들을 위한 곳이다. 현대인의 일상은 정보 과잉과 지속적인 자극으로 감정이 쉽게 무뎌지거나 과열된다. 이 존에서는 'AI 사운드 해금기' 같은 작품이 대표적이다. AI 사운드 해금기는 사용자의 뇌파와 감정 상태를 분석해 일본 전통 악기와 도시 자연음을 실시간으로 조합하는 청각 인터페이스 장치다. 긴장이 감지되면 일본 관악기 '쇼'의 저음이나 '스즈'의 맑은 울림이 들려오고, 무기력 상태일 경우에는 기차 소리, 시장 소리 등 활력 있는 도시 소리가 감각을 깨운다. 이런 작품들이 함께 전시되어 감정의 흐름을 다층적으로 자극한다.

두 번째 기억 인터랙션 존은 감정과 기억의 깊은 연관성을 주제로 구성되어 있다. 대표 작품인 AI 기억 인형은 사용자의 대화, 뇌파, 망막 반응을 분석해 무의식 속 인물을 시각화한다. 잊고 있던 친구의 목소리나 어린 시절 부모의 얼굴이 3D 가상 공간에 구현되어 사용자와 짧은 상봉을 이루고, 감정 정리를 돕는다. 여기에 사용되는 뉴로인터페이스 기술은 인간의 뇌와 기계가 직접 신호를 주고받아, 표면적인 감정 표현이 아닌 무의식에 가까운 정서까지 감지할 수 있게 해준다. 기억은 감정을 정교하게 흔드는 장치이며, 이 공간은 이를 문화적으로 풀어낸 감정 회복실이라 할 수 있다.

세 번째 언어 감성 존은 일본의 전통 시가 하이쿠를 중심으로 구성된다. 하이쿠는 세 줄이라는 짧은 형식 안에 자연과 계절감, 여백의 미를 담아 감정을 응축하는 장르로, 일본 고유의 정서미를 상징한다. 이 공간에는 두 가지 장치가 마련되어 있다. 첫째, 하이쿠 홀로그램은 사용자의 감정에 따라 시구절이 공기 중에 떠오르고 배경 이미지와 함께 시각적으로 구현되는 장치다. 예를 들어 외로움이 감지되면 "밤새 우는 벌레, 이불 끝에 스미는 달빛"과 같은 구절이 떠오르며, 사용자의 감정에 조용히 공명한다. 둘째, 감정 단어 미로는 시 구절을 따라 공간을 이동하면서 감정 변화에 따라 새로운 하이쿠를 마주하게 되는 체험형 전시다. 이 공간은 감정의 이름을 붙이고 천천히 정리해가는 문학적 사유의 경험을 제공한다.

마지막 문화 몰입 존은 일본 전통 공연과 감각 체험이 결합된 공간이다. 가부키 감정 동기화 시어터는 사용자의 실시간 감정 상태에 따라 무대의 조명, 음향, 배우의 동작 속도 등이 즉각적으로 바뀐다. 슬픔 상태일 때는 섬세하고 느린 장면이 강조되며, 분노 상태일 때는 강한 액션과 박진감 넘치는 장면이 중심이 된다. 또 다른 체험 요소인 전통의상 감각 시뮬레이터는 유카타의 질감, 무게, 바람 자극 등을 입체적으로 재현해 감각을 통한 정체성 회복과 감정 통합을 유도한다. 단순한 관람을 넘어서, 몸과 마음을 동시에 자극하는 다감각 체험이 이뤄지는 곳이다.

이처럼 도쿄 큐브는 일본 문화가 단순히 전시되는
객체가 아닌, 감정과 상호작용하며 체험되는
주관적 공간으로 재해석된 사례이다.
일본의 정서미는 AI 기술을 통해 정밀하게 해석되고,
각 개인의 감정 리듬에 따라
실시간으로 반응하는 콘텐츠로 구성된다.

문화는 더 이상 외부로부터 수동적으로
받아들이는 것이 아니라,
감정을 기반으로 큐레이션되고
개인화되는 방향으로 진화하고 있다.
미래의 문화 공간은 점점 더 '개인의 내면'을 향해 깊어질 것이다. 도쿄 큐브는 기술이 감정을 읽고, 문화가 그에 응답하는 방식을 통해 정서 회복과 자아 성찰을 유도한다.

이는 문화가 어떻게 감정을 품고 기술과 조화롭게 어우러질 수 있는지를 상징적으로 보여주는 공간이자, 감정 중심 사회가 요구하는 새로운 문화적 해답이 될 수 있다.

윤세현(일본학과)

03
숨결이 바꾸는 세상

이민영
권승민
박서영
김남욱
박슬비
박은서
박혜빈
최병민
장자엽

죽음이 치료가 되다

현재 암세포는 '죽음' 그 자체로 여겨진다. 멈추지 않는 증식, 정상 세포를 무차별적으로 파괴하는 침투력, 그리고 어디로 퍼질지 모르는 전이 능력까지, 암은 인류가 가장 두려워하던 질병이다. 특히 한국에서는 오랫동안 암이 사망 원인 1위를 차지하며, 암 진단은 곧 절망으로 받아들여지곤 한다. 치료는 어렵고, 고통은 크며, 완치라는 말은 쉽게 꺼낼 수 없었다. 그러나 2035년, 그 악명 높던 암세포가 '치료의 무기'로 되살아난다. 죽음의 상징이던 암세포는 이제 정밀 의료와 생체공학 기술의 핵심 자원으로 활용된다. 누구도 상상하지 못했던 과학의 반전은, 암세포를 통제 가능한 치료 플랫폼으로 바꾸어 놓았고, 우리는 이를 통해 기존 치료 방식의 한계를 뛰어넘는다.

먼저, 암세포를 약을 나르는 도구로 사용하는 기술이 실로 쓰이기 시작했다. 암세포는 몸속에서 특정한 곳으로 잘 침투하고 이동하는 능력이 있다. 이 성질을 이용하면, 일반적인 방법으로는 닿기 힘든 몸 깊은 곳에 있는 병든 조직까지 약을 정확하게 보낼 수 있다. 예를 들어, 뇌 깊은 곳에 있는 작은 암 덩어리는 보통의 주사로는 치료하기 어렵지만, 암세포를 이용하면 그 복잡한 구조를 지나 약을 직접 전달할 수 있다.

그렇다면 암세포는 어떻게 약을 가지고 나를 수 있을까? 암세포는 안쪽에 작은 공간(세포소기관이나 소포체)을 가지고 있어서, 그 안에 약물로 사용할 수 있는 물질을 넣어 저장할 수 있다. 이 물질은 과학자들이 실험실에서 미리 암세포 안에 주입하거나, 암세포가 스스로 만들어내도록 유전자를 조작해서 넣어준다. 약이 암세포 안에 담기면, 특정한 위치에 도달했을 때 그 약을 바깥으로 내보내는 방식으로 치료가 이루어진다. 이 과정은 마치 택배 상자에 약을 담아서 원하는 주소에 도착하면 상자를 여는 것과 비슷하다고 볼 수 있다. 이 과정을 인공지능(AI)이 매우 정밀하게 조절한다. AI는 암세포가 어디로 움직이는지 실시간으로 확인하고, 약이 꼭 필요한 장소를 정확하게 찾아낸다. 그리고 암세포가 그 장소까지 잘 도착하도록 경로를 안내한다. 마치 지도 앱이 길을 알려주는 것처럼, 몸속의 여러 생체 신호를 읽고, 암세포가 언제, 어디서 약을 내보내야 할지 정확히 계산해준다. 이렇게 하면 약이 필요 없는 부위는 건드리지 않고,

정확히 필요한 곳에만 약이 작용하게 되어, 치료 효과는 더 커지고, 부작용은 줄어든다.

또한, 요즘은 암세포를 몸속에서 약을 만들어내는 작은 공장처럼 바꾸는 기술도 빠르게 발전하고 있다. 과학자들은 암세포 안에 특별한 유전자, 즉 약을 만드는 방법이 적힌 설계도 같은 정보를 넣는다. 이 유전자는 단순히 암세포에 새로운 능력을 주는 것이 아니라, 몸을 치료하는 데 필요한 단백질이나 약 성분을 만드는 방법을 담고 있다. 예를 들어, 암세포를 죽이는 특별한 단백질, 병든 세포가 더 이상 자라지 못하게 하는 조절 물질, 또는 몸속 경찰 역할을 하는 면역세포를 부르는 신호 단백질 등이 있다. 이런 유전자는 원래 암세포에 없기 때문에, 과학자들이 실험실에서 직접 만들어 넣는다. 그렇게 되면 암세포는, 이 유전자에 적힌 설명을 읽고, 몸속에서 직접 약을 만들 수 있게 되는 것이다.

하지만 이 암세포가 약을 아무 때나 만들어내면, 오히려 몸에 해가 될 수 있다. 그래서 과학자들은 암세포가 약을 만들기 전에, 몸이 보내는 신호를 먼저 확인하게 만든다. 예를 들어, 암세포 주변에 염증이 생기거나, 사이토카인이라는 몸속 경고 신호가 많이 생길 때만 약을 만들도록 설정한다. 사이토카인은 몸에 이상이 생겼을 때, 면역세포를 불러 문제를 해결하라고 알려주는 신호 물질이다. 이 과정을 더 정확하게 만들기 위해, 인공지능(AI)이 함께 사용된다. AI는 먼저 어떤 유전자를 어떤 순서로 넣어야 가장 잘 작동하는지 계산한다. 예를 들어, 사이토카인을 감지하는 유전자를 먼저 넣고, 약을 만드는 유전자를 그다음에 넣고, 암세포가 필요할 때 스스로 멈추도록 만드는 유전자를 마지막에 넣는 방식이다. 이렇게 정한 유전자 조합은 실제로 몸에 넣기 전에, 컴퓨터로 미리 실험해보는 과정을 거친다. 이걸 시뮬레이션이라고 하는데, 몸속에서 어떤 일이 일어날지 가상으로 예측해보는 것이다. AI는 이 시뮬레이션 결과를 보고, 약이 언제 얼마나 만들어질지 판단한다. 그리고 가장 효과적이고 안전한 방법을 골라낸다. 실제로 실험을 수천 번 하지 않아도, AI 덕분에 시간과 노력을 아끼면서 좋은 방법을 빠르게 찾을 수 있다.

또 하나 중요한 건, 약을 얼마나 만들지와 언제 만들지를 정하는 것이다. 암세포는 유전자에서 신호를 받으면, 세포 안에서 약 성분이 되는 단백질을 만들고, 그걸 세포 밖으로 내보내 병든 곳까지 전달한다. 이 모습은 마치 공장에서 약을 만들고, 정해진 시간에 밖으로 배송하는 것과 비슷하다. 이렇게 만들어진 약은 병든 세포를 직접 공격하거나, 면역세포가 도와주도록 자극하는 역할을 할 수도 있다. 그런데 만약 약이 필요하지 않은 상황에서도 약이 계속 나오면, 몸에 해가 될 수 있다. 그래서 인공지능은 암세포가 잘못된 상황에서는 절대 작동하지 않도록, '멈추는 장치'나 '스스로 꺼지는 유전자'도 함께 설계한다.

이처럼 인공지능의 도움으로, 암세포는 단순히 자라기만 하는 위험한 세포가 아니라, 몸 상태를 스스로 살펴보고, 약이 꼭 필요할 때만 움직이는 똑똑한 치료 도구로 바뀔 것이다

암세포는 자라나는 속도가 빠르고, 몸속 깊은 조직까지 침투하며, 생존력 또한 매우 강하다. 이러한 특성은 치료 기술을 개발하는 데 유리하게 작용할 수 있지만, 한편으로는 암세포가 통제되지 않은 채 예기치 못한 부위로 퍼지거나 과도하게 증식할 위험도 내포하고 있다. 이로 인해 많은 사람들이 암세포를 여전히 두려운 존재로 인식하는 것도 사실이다. 그러나 오늘날에는 과학기술의 발달, 특히 인공지능(AI)의 도입으로 이러한 불안 요소를 사전에 차단하고 암세포를 정밀하게 제어할 수 있는 기술이 마련되어 있다. 암세포가 어디에 있고, 어떻게 움직이는지를 AI가 실시간으로 감시하며, 만약 설정된 기준을 벗어나는 위험 신호가 감지되면 암세포가 스스로 사라지도록 유도하는 자가 소멸 장치가 즉시 작동한다. 이처럼 암세포는 임의로 움직이거나 증식하는 것이 아니라, 철저한 감시와 정교한 시스템 안에서 목적에 따라 움직이며, 언제든지 통제가 가능하도록

설계된다. 결국 암세포는 더 이상 예측할 수 없는 위험이 아닌, 과학의 통제 아래에서 안전하게 활용되는 정밀한 치료 도구로 바뀌어 가고 있다.

우리는 암세포를 두려운 존재로만 볼 것이 아니라, 어떻게 잘 다루고 활용할지 생각해야한다. 인공지능이 있기에 우리는 암세포를 생명을 구하는 기술로 바꿔낼 수 있었다.

과거에는 상상도 못 했던 일이지만,
지금은 기술 덕분에 실제로 가능해졌고,
인류는 이 상상을 현실로 만들어가고 있다.

이민영(기계공학과)

AI보다 발표 잘하시는 분?

    광고를 세상에 내보내기 위해 가장 필요한 것은 높은 퀄리티의 영상도, 이 세상에 없던 아이디어도 아니다. 광고는 '멋진 아이디어' 그 자체가 아니라 '아이디어를 광고주가 선택하는 것'에서 시작한다. 광고주가 선택하지 않은 광고는 절대 이 세상에 나올 수 없다. 때문에 광고를 전공하는 우리는 어떻게 광고주를 설득해야 할지에 대해서부터 고민한다. 그 안에선 아이디어를 설득력 있게 포장하는 'PT(프레젠테이션)' 과정을 필수적으로 거친다. 광고주에게 이 아이디어를 왜 선택해야 하는지 말하는 '광고주 PT' 자체가, 광고주를 대상으로 하는 첫번째 '광고'인 셈이다.

    AI의 발전은 이 PT 생태계에 커다란 변화를 가져오고 있다. 작게는 이렇게 광고주를 대상으로 하는 전문적인 PT부터, 크게는 대학교 교양시간 첫 번째 시간에 하는 자기소개 PT까지 말이다. 생각해보면, GPT-4o가 나오기도 전에, 사람들은 발표자료인 PPT를 대신 만들어주는 AI인 Gamma를 만들어 내기도 했다.

　AI가 더 발전한 시대에, 발표자는 더 이상 '하나의 모습'이 아니다. 발표자는 청중 한 명 한 명에게 각자의 눈에 가장 매력적인 모습으로 보이게 된다. 학교에서의 PT라면, 학생들은 발표자를 자신과 같은 나이대의 친근한 친구로 볼 수도 있고, 기업에서의 PT라면, 임원들은 중후하고 신뢰감 넘치는 전문가의 모습으로 발표자를 볼 수도 있다. 심지어 좋아하는 연예인이나 영화 속 캐릭터처럼 보이도록 설정할 수도 있다. 발표자가 입은 옷의 컬러, 헤어스타일, 목소리 톤까지도 청중 개개인의 취향이나 관심사에 맞춰 변형되는 것이다. 발표 현장에서는 모든 관객들이 증강현실 스마트 글라스나 렌즈를 착용하고, 발표자의 외형과 목소리를 원하는 대로 선택할 수 있는 '커스터마이징 옵션'을 제공받는다. 이는 발표자도 마찬가지다. 스마트 글래스, 스마트 렌즈를 착용한 발표자는 눈앞에 떠오르는 프롬프트를 따라가기만 하면 된다. 더 이상 미리 대사를 외우느라 긴장할 필요가 없다. 발표자의 시선이 닿는 곳마다 핵심 메시지, 청중의 반응, 다음에 해야 할 제스처가 실시간으로 나타난다. 뿐만 아니라, 발표자의 말과 제스처가 자동으로 분석되어 청중에게 가장 효과적인 제스처로 보정될 수도 있다. 발표자가 약간 지루하게 말을 늘어뜨리면, 청중에게는 더 역동적인 몸짓과 생동감 넘치는 표현으로 자동 변환되어 보인다. 발표 중 청중들이 피곤하거나 집중력이 흐트러질 기미가 보이면, AI는 실시간으로 발표자의 외형을 재밌는 동물이나 캐릭터로 깜짝 전환하여 웃음과 집중을 되찾아 줄 수 있다. 갑자기 고양이가 되고, 슈퍼히어로의 모습으로 등장하는 발표자도 가능하다. 이렇게 되면 발표는 더 이상 일방적 전달이 아니라, 청중 한 사람 한 사람의 판타지와 상상력을 현실로 만들어주는 생생한 체험이 될 것이다.

발표 자료는 이제 더 이상 한 장 한 장 넘기는 슬라이드가 아니다. 발표자와 청중이 함께 뛰어들 수 있는 게임 같은 공간이 된다. 청중들은 단순히 의자에 앉아 듣는 대신, 각자 눈앞에 펼쳐진 가상의 공간을 통해 발표 내용을 경험한다. 예를 들어 도시 계획 발표라면, 손짓 한 번으로 자동차 흐름을 바꾸고, 손가락으로 가로등을 켜거나 끌 수도 있다. 조용한 공원이 좋다면 바로 공원을 배치해보고, 그 공원이 얼마나 시끄럽거나 밝을지도 즉석에서 바꿔본다. 발표자가 설명하는 대로 따라가는 것이 아니라, 청중들이 스스로 도시를 움직이고 만들어가면 발표자는 실시간으로 그에 맞춰 해설을 추가하거나 방향을 전환한다. 청중 모두가 '발표'라는 게임 속의 캐릭터가 되어 함께 탐험하고, 직접 문제를 해결하는 셈이다.

발표가 끝나면 재미있는 일이 벌어진다. AI는 즉시 발표를 자동으로 분석해준다. 어디에서 청중의 관심이 폭발했는지, 누가 지루해 했는지까지 시각 데이터를 통해 미세하게 분석해서 보여준다. "이 부분에서는 15명이 심장이 빨리 뛰었어요!"라거나 "3분 15초부터는 40%의 청중이 딴생각을 했네요"처럼 재밌고 직관적인 피드백을 제공한다. 발표자는 이를 통해 발표자료를 보완하고, 더 나은 이야기를 구성할 수 있게 된다.

이렇듯, 결국 PT에서 인간보다 AI의 비중이 더 커지는 시대가 올 수 있다. 프레젠터 자체도 대체될 수 있다. 하지만 이러한 AI의 발전에도 불구하고, 결국 PT의 완성에는 여전히 '인간'이 있을 것이다. AI는 자료를 분석하고 최적화된 전달 방식을 제시하며, 더욱 매력적인 시각적 경험을 제공할 것이다. 하지만 그럼에도 인간이 중심이 된다. 프레젠테이션의 필요는 반드시 인간관계에서 나오기 때문이다. 광고주에 대한 설득도, 교양 수업에서의 자기소개도,

결국 인간 사이의 관계가 먼저 존재하고, 그 이후의 프레젠테이션의 쓸모가 생긴다. AI는 우리의 감정과 메시지를 더욱 효과적으로 전달하도록 돕지만, 전달하고자 하는 메시지의 필요는 오직 인간만이 만들어낼 수 있다.

따라서 우리는 AI를 활용해 청중의 마음과 머리를 모두 사로잡을 수 있는, 감정과 사실을 동시에 자극하는 프레젠테이션을 할 수 있게 된다는 사실을 잘 이용해야 한다.

프레젠테이션의 주체는 어디까지나 인간이다. AI가 프레젠테이션을 완벽히 보완할 때, 결국 무대 위에 서 있는 당신이 당신의 프레젠테이션을 완성해야 할 것이다.

권승민(광고홍보학과)

나 아파요, 건축물!

지금의 건물에서는 수리가 필요한 부분이 생기면 사람이 점검하고 고친다. 그런데 언젠가는 건물 스스로 "나 아파요"라고 말하는 시대가 오지 않을까? 어떤 장치가 고장 났다고 벽에 미세한 균열이 생겼다고 직접 알려주는 것이다. 아니 어쩌면 그 말을 듣기도 전에 스스로 판단하고 고치고 회복해버리는 시대가 올지도 모른다.

지금도 건물 스스로를 진단하고 회복하는 세상을 향한 걸음들은 이미 시작되었다. 대표적인 예가 구조물 건강 모니터링 시스템(건물 상태를 실시간으로 살펴보는 센서 시스템)이다. 구조물에 부착한 센서를 통해 건물이나 다리, 터널, 댐 같은 대형 구조물의 진동, 균열, 온도, 습도, 하중 등을 실시간으로 측정하고 그 데이터들을 바탕으로 위험도를 분석하고 예측한다. '여의도 파크윈'이나 '해운대 LCT' 건물에서는 실제로 이 시스템이 적용되어 있다. 건물 각 층에 부착된 여러개의 센서를 통해 지진이나 강풍 등 외부 충격에 따른 변형과 응답을 추적하며 위험한 신호가 나타나면 재빨리 중앙 관제 시스템에 경보가 전송된다. 관리자는 이 정보를 바탕으로 해당 구역을 긴급 점검하거나 필요시 엘리베이터 운행을 제한하고 피난 유도 방송을 내보내는 등의 대응 조치를 취할 수 있다. 하지만 이 기술도 오래된 건축물에는 센서를 붙이지 못한다는 한계점이 있다. 이러한 한계를 극복하기 위한 다양한 연구와 기술 개발도 꾸준히 이어지고 있다.

미래 건축물은 어떨까? 단순히 감지하고 경고하는 수준을 넘어서 건축물이 스스로 수리하는 시대가 올 것이다. 예를 들어 건물 외벽 콘크리트에 균열이 생기면 자동으로 균열을 메우는 '자가치유 콘크리트'가 미래 건축엔 적용될 수도 있다. 자가치유 콘크리트에는 일반 콘크리트와는 다르게 휴면 상태의 박테리아가 들어있다. 평소엔 휴면 상태의 박테리아가 조용히 잠들어 있다가 물이 스며들면 깨어나 활동을 시작한다. 그리고 균열 주변에서 석회암을 생성해서 금이 간 부분을 스스로 메우는 방식이다. 이런식으로 금(균열)을 막아주면 더 이상 물이 들어가지도 않고 잇따라 철근 부식이나 물리적 손상도 막을 수 있다. 말

그대로 건물이 스스로 상처를 인식하고 치유하는 시스템인 셈이다. 이처럼 스스로 손상을 감지하고 보수하는 능력은 외벽뿐 아니라 내부 구조에도 동일하게 확장될 것이다. 물이 자주 닿는 실내 벽면이나 욕실, 지하층 같은 공간에서도 자가치유 콘크리트는 충분히 유효하게 작용할 수 있는 환경이기 때문이다. 실제로 이 기술을 통해 보수가 필요한 균열이 발생하면 곧바로 치유가 이루어지고 수분으로 인해 철근이 부식되거나 곰팡이가 생기는 등의 2차 피해도 사전에 막을 수 있다. 이런 박테리아가 들어간 자가치유 콘크리트 기술은 습도, 온도, 기타 환경적인 제약에 따라 치유 성능이 달라질 수 있어서 아직은 더 연구가 필요하다는 한계점에 그쳐 있지만 미래에는 사용이 가능한 시대가 올 것이다. 외벽에 먼지가 쌓이면 건물이 스스로 감지하고 세척을 진행하는 그런 시대 말이다. 좀 비약하자면 건축물은 생명체처럼 진화하게 될 것이다. 마치 생물이 상처를 스스로 아물게 하듯이 건축물도 상처(균열 등 보수가 필요한 곳)를 인지하고, 회복하고, 사용자에게 알려주며, 나아가 스스로 치유까지 수행할 수 있게 될 것이다. 이른바 '자율 유지보수 시스템', 혹은 '생체 모방 건축 구조'가 실현되는 시대다.

그렇다면 건축물 내부는 어떨까? 외부만 똑똑해지는 게 아니라 내부 역시 점점 더 스스로를 돌보는 방향으로 발전하고 있다. 지금도 이미 방의 온도나 습도는 사용자에 맞춰 자동으로 조절되는 시대다. 여기서 한 단계 더 나아가 미래에는 습기가 많은 공간에서 곰팡이가 생길 조짐을 미리 감지하고 그 흔적이 보이기 시작하면 곧바로 제거하고 벽지나 마감재까지 스스로 복원하는 시스템도 가능할 것이다. 실제로는 실내 습도와 온도 데이터를 실시간으로 수집해 곰팡이가 생기기 쉬운 환경이 되면 자동으로 정화 작업을 시작하거나 항균 처리를 수행하는 기술이 개발중에 있다. 대표적인 방식으로는 곰팡이 감지 후 항균 코팅제를 자동 분사하거나 'UV-C 자외선'을 이용해 해당 구역을 소독하는 기술이다. 이런 시스템은 사람이 개입하지 않아도 곰팡이 세포를 직접 파괴하고 생장을 억제할 수 있다는 점에서 큰 장점을 갖는다. 결국, 사람이 발견하고 조치하기도 전에 건축물이 먼저 자기 몸 상태를 인식하고, 스스로 회복해버리는 그런 미래가 정말로 가능해질 것이다.

이런 기술의 발전 속에서 인간의 역할도 바뀔 것이다. 예전엔 사람이 직접 벽을 두드리고 도면을 펼쳐가며 점검하고 수리했지만 앞으로는 센서 데이터를 읽고 인공지능과 함께 건축물의 자율적인 행동을 관리, 감독하는 역할이 더 중요해질 것이다. 엔지니어는 알고리즘을 설계하고 연구자는 시스템의 능력 자체를 높이는 방향으로 나아가게 될 것이다.

더 생각해보면 건축물의 미래는 단순히 고장 나면 고치는 대상으로만 머무르지 않을 것이다. 앞으로의 건축물 내부는 사용자 각각의 습관이나 생활 패턴을 학습하고 그에 맞춰 스스로 환경을 조정하는 형태로 발전할 가능성이 크다. 사람이 집에 들어오면 그 사람의 평소 동선을 기억해 조명이 미리 켜지고, 선호하는 온도로 자동 조정되며, 그날의 기분을 반영한 음악이 자연스럽게 재생되는 식이다. 이런 시스템은 물리적인 유지보수만을 넘어 건축물이 사람의 삶에 정서적으로 반응하는 존재로 변해간다는 걸 보여준다. 결국 미래의 건축물은 단순한 생활 공간이 아닌 사용자와 함께 호흡하며 감정에 반응하고 일상을 이해하는 존재로 진화할 것이다. 기술은 점점 더 사람을 중심으로 섬세해지고 건축물은 점점 더 사람에 가까워진다. 우리는 그 안에서 단지 머무는 것이 아니라 함께 살아가게 될 것이다.

박서영(건설환경공학과)

미래의 운동은 땀보다 바람을 탄다

"운동 좀 하셔야겠어요." 누군가 이렇게 말할 때 우리는 종종 뜨끔한다. 거울 앞에 선 나의 모습에서, 혹은 오랜만에 만난 친구의 농담 속에서 '이제는 진짜 뭔가 해야 하지 않을까?'라는 자극을 받는다. 그래서 마음을 다잡고 헬스장에 등록하고, 식단도 바꿔보고, 운동복까지 새로 장만한다.

그런데 이상하게도 오래 가지 않는다. 처음엔 시간 핑계, 그 다음엔 피곤하다는 이유로 하루 이틀 쉬다 보면, 어느새 '다음 주부터'가 입에 붙는다. 왜일까? 게을러서일까? 아니면 나약해서일까?

그렇지 않다. 우리가 운동을 지속하지 못하는 진짜 이유는, 지금도 10년 전과 똑같은 방식으로 운동하려 하기 때문이다. 매번 의지를 동원하고, 스스로 모든 결정을 내려야 하는 구조 속에서 사람은 쉽게 지친다.

왜 우리는 운동을 포기하게 되는가

운동을 시작하는 데 필요한 에너지 중 가장 많이 쓰이는 것은 사실 몸이 아니라 '결정력'이다. 오늘은 어떤 운동을 할지, 얼마나 할지, 아픈 부위가 있다면 어떤 대안을 택할지 등, 운동은 하루에도 수십 개의 결정을 요구한다. 이런 결정이 쌓이면 피로가 오고, 피로는 곧 포기로 이어진다. 이를 '결정 피로'라고 한다.

2035년의 피트니스는 바로 이 문제를 근본적으로 해결하고 있다. 더 이상 의지에만 의존하지 않는다. 운동이 스스로 계획되고, 몸 상태에 따라 조절되며, 삶 속에서 자연스럽게 흘러가는 시스템 중심으로 재구성되고 있다.

앞으로 소개할 4가지 변화는, 우리가 어떤 방식으로 '운동하는 인간'에서 '움직이며 살아가는 인간'으로 진화할지 보여주는 예가 될 것이다.

나를 먼저 이해하는 AI 트레이너

10년 후의 트레이너는 사람보다 똑똑한 AI가 될 것이다. 당신의 수면 패턴, 피부 온도, 표정 변화, 음성 톤을 종합적으로 분석해 오늘의 감정 상태와 몸 상태를 파악하고, 여기에 맞는 운동을 제안한다.

"오늘은 피로도가 높으니 스트레칭과 명상 루틴을 먼저 추천할게요", "어깨 움직임이 둔해요. 상체는 쉬고, 하체 루틴을 중심으로 조정할게요."

당신은 더 이상 '오늘은 뭘 해야 하지?' 고민하지 않아도 AI가 가장 적합한 루틴을 자동 설계해준다. 감정 코칭부터 회복까지 포함된 이 시스템은 개인 맞춤형 헬스케어의 중심이 된다.

운동 기록이 당신의 가치를 만든다

2035년에는 운동 기록이 단지 건강 관리용 숫자에 그치지 않는다. 당신의 루틴, 반복 횟수, PR(최고 기록), 회복 속도는 메타데이터로 저장되어 디지털 자산으로 활용된다. 일부는 NFT(대체 불가능 토큰)로 발행되어 소장되거나 거래되기도 한다.

예를 들어, 데드리프트 250kg을 성공한 기록은 개인 인증용 NFT로 변환되고, 같은 종목을 즐기는 커뮤니티에서 하나의 '뱃지'처럼 인정받는다. 운동은 이제 '기록'이 아닌 '성과'로 기능하며, 실질적인 사회적 가치를 가진다.

자면서도 운동하는 시대가 온다

가장 혁신적인 변화 중 하나는 수면 피트니스의 등장이다. 수면 전 전용 기기를 착용하면 뇌파를 분석해 꿈에서 운동을 유도하고, 동시에 특정 근육에 미세 전기 자극을 주어 근육 활성화 효과를 높인다. 아침에 일어났을 때 실제로 다리에 힘이 들어가는 느낌이 드는 이유다.

그렇다면 질문이 생긴다. 자면서 운동을 하면, 휴식은 어떻게 보장될까?

2035년의 수면 피트니스는 회복 중심 설계가 핵심이다. 운동 루틴은 수면의 깊이에 따라 자동 조절된다. 얕은 수면 구간에서는 명상 유도와 심박 안정화를 중심으로 두고, 깊은 수면 단계에서는 미세한 자극만을 활용해 회복을 방해하지 않는다. 이 방식은 '수면의 질을 해치지 않으면서도 운동 효과를 부여하는 최적 설계'로 자리 잡고 있다.

즉, 운동과 회복이 동시에 가능한 기술이 보편화되며, 바쁜 사람일수록 '자는 동안 운동하는 것'이 하나의 전략이 된다.

운동은 더 이상 훈련이 아니라 놀이다

운동을 지속하지 못하는 또 다른 이유는 재미가 없기 때문이다. 미래에는 이 문제도 해결된다. 2035년의 피트니스는 VR·AR 기반 게임 플랫폼을 통해 이루어진다. 친구와 함께 가상 피트니스 공간에 접속해 미션을 수행하거나, 몸을 움직여 보스를 이기기 위한 협동 플레이를 한다.

예를 들어, 특정 캐릭터를 강화하려면 둘이 합쳐 500개 이상의 스쿼트를 성공해야 한다. 이 과정에서 경쟁과 보상 시스템이 작동하며, 사용자는 '운동하고 있다'는 의식 없이 1시간 이상 몸을 쓰게 된다.

이제 운동은 선택이 아닌 참여형 게임이 된다. 몰입형 시스템이 자연스럽게 운동을 유도하고, 재미와 결과가 동시에 따라오는 구조로 진화한다.

몸을 만들고 싶다면 의지가 아니라 환경을 바꿔라

김남욱(스포츠문화)

생각을 엿보는 수상한 이웃

　현재의 우리는 브랜드를 무엇으로 기억할까? 대부분은 브랜드를 대표하는 제품, 광고, 광고 모델 또는 로고를 통해 이 브랜드가 어떤 브랜드인지를 기억할 것이다. '애플' 하면 한 입 베어 먹은 사과 로고, '나이키' 하면 날렵한 모양의 로고와 'JUST DO IT'이라는 문구가 떠오르는 것처럼 말이다. 하지만 10년 후 다가오는 미래에 우리는 브랜드를 한 명의 사람으로 보게 될 것이며, 더 나아가 그 사람과 머릿속에서 생각만으로도 대화를 나눌 수 있게 될 것이다. 뉴럴 인터페이스 기술과 메타버스의 결합으로 우리는 이 새로운 관계를 경험할 수 있다.

　뉴럴 인터페이스(Neural Interface)란 뇌와 컴퓨터를 직접 연결하는 기술로, '오늘 기분이 안 좋아'라고 생각만으로 이를 파악하고 서로 이야기할 수 있게 하는 기술이다. 어떻게 이것이 가능할까? 뉴럴 인터페이스는 전극이나 센서로 전기 신호를 포착한다. 신호가 포착되면, "집에 가고 싶다.", "커피 마시고 싶다." 등의 신호를 AI 알고리즘이 해당 신호의 의도를 파악하게 된다. 이렇게 해석된 신호가 컴퓨터나 몸에 연결된 기기로 전달돼 뇌와 컴퓨터가 연결된다. 뇌에 전극을 삽입하는 침습형이 높은 정확도를 보이지만 위험도가 높아서, 미래에는 비침습 방식이 발전해 다양한 분야에 사용될 것으로 예상된다. 현재 마케팅 분야에서는 소비자의 감정이나 반응을 분석하는 데 활용되고 있으며, 더욱 발전된 기술은 분석에서 끝나지 않고 소비자와 브랜드를 연결하는 매개가 될 것이다. 가상과 현실을 연결하는 메타버스와 뉴럴 인터페이스가 결합하면 인간은 간단한 장치나 내장 칩을 통해 브랜드 페르소나와 생각만으로도 소통할 수 있다.

이렇게 뇌 속에서 존재하는 브랜드를 대표하는 인물을 '브랜드 페르소나'라고 한다. 브랜드 페르소나란 메타버스 기술로 만들어지는 가상의 사람으로 한 명의 페르소나가 하나의 브랜드를 대표하고, 우리가 하나의 브랜드를 보거나, 듣거나, 알게 되면 뇌 속에도 브랜드 페르소나가 생기게 된다. 우리 뇌 속에 마을이 하나 있다고 생각해 보자. 그 마을 안에 적게는 10명, 많게는 수백 명의 브랜드 페르소나가 거주하고 있다. 쾌활한 성격, 귀여운 외모, 우아한 패션 등 브랜드가 전하고자 하는 메시지를 담은 페르소나는 무의식 속에 존재하다가 브랜드와 연관된 것을 인식하면 활성화된다.

한 직장인을 예로 들어보자. 점심으로 팀원들과 짜장면을 먹고 나온 직장인 A가 무의식적으로 아이스 아메리카노를 떠올리며 '커피가 마시고 싶은데….'라고 생각하면 스타벅스, 메가커피, 빽다방 등 커피 브랜드의 페르소나가 활성화되고 직장인 A의 메타버스 속 스타벅스, 메가커피, 빽다방 페르소나가 A를 향해 말을 건다. 세 명의 페르소나는 자기를 선택해야 가장 만족스러운 아이스 아메리카노를 먹을 수 있다고 A에게 어필한다.

스타벅스 로고가 들어간 초록색 앞치마를 맨 페르소나는 "원하는 원두를 선택하고 커피의 향을 풍부하게 느낄 수 있는 스타벅스로 와!"라고 말하고, 메가커피와 빽다방의 페르소나는 각각 대표 컬러인 노란색 의상을 입고 저가로도 가성비 좋은 커피를 빠르게 즐길 수 있는 메가커피와 빽다방을 선택하라고 어필한다. 평소 커피 애호가로서 선호하는 원두가 있었던 직장인 A는 부드러운 말투로 개인화가 가능한 커피를 어필했던 스타벅스 페르소나를 선택하게 된다.

선택받은 스타벅스 페르소나는 부드러운 미소를 보이며 선택 이후에도 가까운 스타벅스 매장으로 A를 인도하고 프로모션, 쿠폰 혜택 등을 안내해 주며 스타벅스에 대한 만족도를 높인다.

이번에는 직장인 B의 상황을 보자. 직장인 B는 평소 포멀하고 심플한 스타일의 옷을 즐겨 입었다. 하지만 새로운 스타일을 시도해 보고 싶어 이번 여름에는 캐주얼하고 다양한 스타일의 옷을 쇼핑해 입어보기로 한다.

직장인 B가 옷을 사려고 생각하기 시작하면 평소 직장인 B가 즐겨 입었던 브랜드의 페르소나가 이전과 마찬가지로 B에게 이번 여름 새로 나온 신상을 소개해 준다. 하지만 다른 스타일을 사기로 마음먹었던 B는 페르소나를 대하는 태도가 변하게 되고 대화에 대한 집중도도 낮아진다.

한편 틈새시장을 노리고 직장인 B의 무의식에 있었던 브랜드 C는 직장인 B의 집중도와 관심도 변화를 분석해 "아니면 우리 옷은 어때?"라고 말을 걸며 새로운 스타일의 옷을 제안한다. 변화를 알아차리면 기존에 관계를 맺고 있던 페르소나뿐만 아니라 다양한 브랜드 페르소나가 경쟁에 뛰어들고, 사용자는 페르소나와 관계를 맺는 과정에서 자연스럽게 브랜드에 대한 호감도가 달라진다.

뉴럴 인터페이스에서는 이러한 감정 변화 또한 인지하여 현재 상황에서 가장 최고의 선택을 할 수 있게 분석하여 결과를 알려주며 사용자의 의사 결정에 직접적인 해결책을 제시한다.

언어적인 대화뿐만 아니라 '인간'의 모습으로
보여줄 수 있는 다양한 행동, 표정과 제스처 등
비언어적 표현들도
페르소나와 인간의 상호작용을
더욱 풍부하게 만들어 준다.

 사용자가 페르소나와 대화를 원치 않는 상황일 경우에는 이에 맞춰 사용자의 기분 상태와 피로도, 또는 개인 성격에 맞는 표현을 사용할 수 있다. 이렇듯 페르소나와 소통하는 방식이 개인의 성향과 선호도에 따라 유동적으로 결정되기 때문에 페르소나와 소통이 이루어지는 시간도 이에 맞추어 변할 수 있다. 간단한 소통을 원하는 경우 빠르게 대화를 이어 나가거나 간단한 제스처로 의사 표시를 할 수 있고, 더 많은 말을 나누고 싶은 경우 진짜 다른 사람과 대화를 나누는 것처럼 생생하게 소통할 수 있다. 이처럼 브랜드 페르소나를 이용한 브랜드 마케팅은 더 다양한 세계로 뻗어나가는 발판이 되며, 소외되는 계층으로의 접근성도 개선할 수 있으므로 더 많은 대상층을 포용할 수 있는 마케팅 방안이 된다.

다양한 형식으로 인간과 상호작용하는 브랜드 페르소나는 인간에게 재생되는 영상처럼 인식된다. 실제 눈으로 볼 수 있는 것은 아니지만, 마치 직접 눈으로 보고 대화하는 듯한 착각을 일으키고, 뇌 속에서 매우 생생한 영상을 보는 것처럼 재현된다. 이 모든 과정에서 뉴럴 인터페이스와 메타버스 기술이 사용되기 때문에 사용자의 선호도에 따라 페르소나의 외형도 결정할 수 있다. 피부와 미세한 속눈썹의 결 등 아주 구체적으로 묘사된 페르소나부터, 마치 캐릭터에 가까운 외형을 가진 페르소나 등 발전한 메타버스 기술이 더욱 생생한 페르소나를 사용자 맞춤으로 만든다.

이렇게 사용자가 선택의 상황에서 페르소나와 직접 대화하고, 무의식적으로 페르소나를 통해 브랜드에 대한 인식을 쌓게 되면 소비자는 직접 브랜드를 찾아보려는 노력을 하지 않아도 최적화된 선택을 할 수 있다.

분석한 뇌파를 통해 쌓인 데이터를 기반으로 AI와 컴퓨터는 더 소비자 개인에게 맞춘 서비스와 판단을 제공할 것이고 무엇인가 선택해야 하는 상황뿐만 아니라 더 기분 좋고 윤택한 삶을 살 수 있도록 도와줄 것이다.

그리고 소통하는 재미를 느낄 수 있기에 일상적으로 소소한 즐거움을 느낄 수 있는 요소가 되기도 한다. 브랜드의 입장에서도 각각 다른 사용자의 취향과 기준에 맞추어 기본적인 브랜드 이미지에서 나아가 개인화된 마케팅을 할 수 있으므로 훨씬 이색적인 경험을 제공할 수 있다.

나아가 브랜드 페르소나와 소비자 개인이 직접적인
관계를 맺음으로써 장기적으로 감정적 연결이
강화된다면 브랜드 충성도를 높이고
이탈률을 낮출 수 있다.

박슬비(경영학부)

중개인 없는 금융의 혁명

10년 뒤 2035년의 금융 분야는 어떤 모습일까? 인터넷의 발전으로 금융 서비스가 오프라인 지점 중심에서 온라인 채널로 이동하며 인터넷뱅킹, 전자결제 등이 생긴 것과 같이 새로운 기술의 발달에 따라 금융 분야도 큰 변화를 맞을 것이다. 물론 10년 후에 현재의 금융 체계가 완전히 새로운 형태로 대체될 것이라고 예측하는 것은 아니다. 다만 다양한 시스템들이 나와 다양한 금융 활동을 통해 돈을 벌고, 투자하고, 저금할 수 있을 것이다.

웹 1.0은 1990년대로 제한적으로 읽기만 가능했다. 금융은 오프라인 중심으로 이루어졌고, 온라인으로는 1990년대 후반부터 인터넷뱅킹이나 온라인 증권거래 서비스가 시작되었다. 하지만 서비스가 제한적이고, 접근성이 낮았다. 또 금융 거래는 반드시 은행 등 중앙 통제기관을 거쳐야 했기 때문에 거래 속도와 효율성에 한계가 있었다. 웹 2.0은 2000년대 후반부터 지금까지로 읽는 것뿐만 아니라 쓰는 것과 같은 참여가 가능하다. 우리가 현재 사용하고 있는 사용자들 간 상호작용이 가능한 웹 2.0에서는 유튜브와 인스타그램과 같은 큰 회사들에 의해 서버가 관리되어 플랫폼 기업들이 중앙집권하고, 기업들이 우리가 올린 글과 사진의 소유권을 독점하고, 개인정보가 침해된다는 문제가 있다.

그래서 이를 해결하기 위해 웹 3.0이 등장했다. 웹 3.0의 특징으로는 거래 내역이나 정보를 누구나 볼 수 있게 투명하게 기록하고, 한 번 기록된 내용은 누구도 바꿀 수 없는 디지털 장부인 블록체인으로 정보가 여러 곳에 분산되어 저장되는 탈중앙화, 개인의 소유권이 강화, 중앙기관 없이 인터넷에서 자유롭게 돈처럼 사용할 수 있는 암호화폐가 있다.

웹 2.0과 3.0의 큰 차이는 둘 다 일반인 누구나 참여할 수 있지만 웹 2.0은 플랫폼에 종속적이었다면 웹 3.0은 책임과 기여에 따라 보상이 온다는 차이가 있다. 예를 들자면 현재 페이스북이 유저들이 생산한 데이터를 활용해 큰 광고 수익을 올리고 있지만 콘텐츠를 만든 사람들에겐 어떤 이익도 돌아오지 않는다. 하지만 웹 3.0의 경제 구조에서는 콘텐츠 생산에 적절하게 보상받을 수 있게 된다.

　웹 3.0의 핵심 요소들로는 무엇이 있을까? 먼저 블록체인이 있다. 블록체인이란 데이터의 분산 저장과 투명성, 보안성을 제공하는 핵심 기술로 거래 내역이 변경 불가능하게 기록되어 신뢰성을 높이고, 해킹이나 데이터 위변조의 위험을 크게 줄인다는 특징이 있다.

　두 번째로 스마트 계약이다. 스마트 계약은 계약에 미리 프로그래밍된 특정 조건(예: 일정 금액의 암호화폐 전송, 특정 날짜 도래, 외부 데이터 입력 등)이 실제로 충족되면 블록체인 네트워크에서 사람의 개입 없이 계약 내용이 자동으로 실행되는 계약으로, 중개자 없이 신뢰할 수 있는 거래를 가능하게 한다. 이를 통해 금융 거래의 효율성과 투명성이 크게 향상된다.

　세 번째는 토큰화(NFT) 및 디지털 자산이다. 토큰화란 현실이나 디지털 세계의 고유한 자산에 대해 디지털 증명서를 만드는 것이다. 즉 디지털 자산의 소유권과 진품성을 증명하는 데 사용된다. 기존 가상화폐가 대체 가능한 것과 달리 NFT는 대체 불가능하다는 특징이 있다. 마지막으로 DAO(탈중앙화 자율조직)이다. DAO는 중앙 기관이 아닌 커뮤니티 기반의 의사결정 구조를 도입하여, 중앙 관리자 없이 모두가 운영하는 온라인 조직이다. 조직의 규칙과 운영 방식은 미리 정해진 스마트 계약에 따라 자동으로 실행된다. 또 중요한 결정은 구성원들이 투표로 결정한다.

웹 3.0에서의 여러 핵심 요소들 중 DAO에 대하여 집중해 보면 한국에서는 2022년 국보 DAO는 간송미술관이 재정난으로 국보 2점을 경매에 내놓자 한국의 문화재 국보의 해외 유출을 막기 위해 시민들이 주체가 되어 자율 조직인 국보 DAO를 만들었다. NFT를 발행해 기금을 모으는 방식으로 운영되었으나 경매에 필요한 금액을 모으지 못해 낙찰에는 실패했다. 국보 DAO의 실패 이후, 헤리티지 DAO가 금동삼존불감 경매에 참여해 낙찰에 성공했고, 이로 인해 간송 미술관이 국보를 계속 관리할 수 있게 되었다. 한국에서는 다양한 분야에서 DAO가 실제로 만들어지고 운영되고 있지만, 법적, 제도적 기반이 약해 아직은 실험적 단계에 있다.

다양한 DAO가 생기며 실용적 필요성에 의해 DAO 운영자라는 직업이 새로 생길 것이다. 한국에서는 현재 DAO가 초기 단계이기 때문에 찾아보기 힘든 직업이지만 DAO가 잘 활성화되고 있는 해외 국가 미국, 스위스, 싱가포르 등에서는 운영자들이 커뮤니티 관리, 자금 모금, 투표 진행 등의 업무를 하고 있다. 운영자는 프로젝트의 목표와 방향성을 명확히 하고, 다양한 온라인 채널을 통해 커뮤니티 구성원들과 소통하며 의견을 수렴하고 논의를 주도한다. 그리고 참여자들의 질문에 답변하며 신규 참여자를 교육하고, 커뮤니티를 홍보한다. 또 DAO 운영자는 AI와 긴밀히 협업한다. AI의 커뮤니티의 의견 요약, 투표 결과 분석, 스팸이나 악의적 행위를 걸러내는 것과 같은 반복적이고 기술적인 업무를 바탕으로 운영자는 AI가 새로운 이벤트를 진행하고, 법적 조치를 취하는 등의 행동을 한다.

물론 DAO내에서 발생할 수 있는 윤리적 문제들도 있다. 먼저 책임 소재가 불분명할 수 있다. 탈중앙화된 금융에서는 중개자가 없기 때문에 책임 소재가 불분명하다.

예를 들어 스마트 계약 오류로 자금이 잘못 전달된 경우 누구의 잘못인지 명확하지 않다. 이런 문제를 해결하기 위해서는 DAO에서 의사결정과정, 권한 분배, 분쟁 해결 절차 등 거버넌스 규칙을 사전에 명확히 정하고, 이를 스마트 계약으로 구현해야 한다. 또 투표 시스템, 분쟁 조정 메커니즘, 위원회 구성 등 다양한 방식으로 책임 소재를 분산·명확화 해야 한다.

또한 DAO 내에서 개발자나 운영자, 감사인과 같은 특정 역할에 대해 책임과 권한을 명확히 부여하는 구조 설계가 필요하다. 두 번째로 사기나 불법행위가 일어날 수 있다. 익명성과 분산 시스템을 악용하여 사기나 자금세탁 같은 불법 행위가 증가할 수 있다. 예를 들어, 새로운 토큰을 출시하고 과장된 정보를 유포한 뒤, 가치가 오르면 개발자가 자금을 인출하고 사라질 수 있다.

이는 새로운 토큰을 계약 검증하는 시스템을 통해
확인 절차를 거치거나, 이상 거래가 감지되면
즉시 대응할 수 있도록 실시간 감시 시스템을
운영하여 문제 발생을 줄일 수 있다.

박은서(경영학부)

또 다른 나는 어떤 광고를 보았을까

2035년, 사람들은 각자의 AI와 함께 소비를 결정한다. 개인별 AI는 실시간 생체 데이터와 환경 정보를 수집해 지금 이 순간 가장 적절한 제품 후보군을 제안하고, 사용자는 그중에서 하나를 선택하는 방식이다. 선택권은 인간에게 있지만, 그 선택지를 구성하고 유도하는 건 대부분 AI의 몫이다.

이러한 변화에 맞춰 옥외광고도 완전히 새로운 구조를 갖게 되었다. 전통적인 전광판은 시각 중심의 광고 매체로서, 시선을 사로잡는 이미지와 감정을 자극하는 문구, 브랜드 중심의 직설적 메시지를 전달하는 데 초점이 맞춰져 있었다. 그러나 미래에는 사람과 AI가 각기 다르게 해석하는 이중 구조의 전광판이 광고의 새로운 기준이다.

이 전광판은 두 개의 층위로 작동한다. 첫째는 감성 콘텐츠.

영상, 색감, 음악 등으로 구성된 부드러운 이미지 시퀀스는 사람의 감정을 자극하고, 직접적인 광고로 인식되지 않아 거부감이 적다. 둘째는 데이터 신호. 영상에는 AI가 인식할 수 있도록 설계된 특정한 소리, 색상, 신호가 포함돼 있으며, 이 신호는 주변 사람들의 AI가 탑재된 스마트 안경이나 애플 워치 같은 액세서리형 기기를 통해 전달된다.

예를 들어 서울 강남대로에 위치한 한 대형 전광판에서는 제품명이나 로고 없이도 감성적인 움직임과 색의 변화를 통해 사람들의 주의를 끈다. 동시에 영상 속 특정 시점에서 AI가 감지 가능한 형태의 데이터 신호가 출력되며, 이를 수신한 사용자 AI는 개인의 건강 상태, 최근 소비 기록, 심박수, 스트레스 지수 등을 분석한 후, 실시간으로 푸시 알림을 전송한다.

"요즘 걸음 수가 줄었어요. 오늘은 가벼운 걷기 콘텐츠 어떠세요?", "러닝화 교체 시기입니다. 발에 맞는 추천 제품이 있어요. 확인해보시겠어요?"

사용자 AI는 이러한 신호를 무조건 전달하지 않고, 분석 결과에 따라 사용자에게 불필요하거나 관심이 낮은 정보는 걸러낸다. 그 결과, 같은 영상을 본다 하더라도 AI가 각 사용자에게 전달하는 광고 메시지는 모두 다르게 구성된다.

이처럼 광고 콘텐츠는 사용자마다 다른 방식으로 해석·가공되며, 결과적으로 개개인에게 맞춤화된 정보만이 전달되는 구조가 형성된다.

이와 같이 광고는 더 이상 사람에게만 보여지는 것이 아니라, 사람 옆의 AI에게도 '읽히는' 방식으로 작동한다.

실제 사례로, 한 스포츠 브랜드는 전광판 내 실루엣 애니메이션을 활용한 프로젝트를 진행한 바 있다. 영상에는 아무런 브랜드 요소도 포함되지 않았지만, 전광판에서 출력된 특정 색상 코드와 움직임 패턴은 AI가 인식할 수 있는 구조였고, 이를 통해 사용자에게 운동 습관 진단 콘텐츠, 러닝 프로그램, 추천 상품 등을 상황에 따라 다르게 전달할 수 있었다. 같은 영상을 본 사람들 사이에서도 전달된 정보는 모두 달랐고, 이는 개인화된 광고 체험이라는 강력한 차별점으로 작용했다. 이 구조는 사용자 입장에서는 자연스럽고 부드럽게 브랜드와 연결되도록 하며, AI에게는 구매 가능성이 높은 시점에 정확한 정보를 제공하는 방식이다. 즉, 광고는 시각적으로는 '광고가 아닌 것처럼' 다가오면서도, 실질적으로는 매우 정밀하게 구매 행동을 설계하고 있는 셈이다.

이중 구조형 전광판은 사람의 감정과 AI의 분석 능력을 동시에 활용하는 새로운 방식의 광고이며, 콘텐츠 설계자는 두 존재가 각각 받아들일 수 있는 언어를 동시에 구성해야 한다. 하나는 감성 언어, 다른 하나는 데이터 언어. 이 둘을 균형 있게 결합하는 것이 이 시대 광고 설계자의 핵심 역할이다.

과거의 사람들은 단지 상상만 해왔던 기술이 이제 눈앞에서 현실이 되었다. 오직 공상 과학 소설이나 먼 미래의 이야기로만 여겨졌던 후각 정보 전달 기술이, 지금은 전광판과 결합해 새로운 감각의 광고 플랫폼으로 구현되고 있다. 전광판은 점차 사람의 시각을 넘어, 후각까지 자극하는 플랫폼으로 확장되고 있다. 특정 위치에 진입하면 액세서리형 기기를 통해 다음과 같은 알림이 뜬다.

"Jo Malone 'Wild Bluebell' 향기가 도착했습니다. 체험하시겠어요?"

사용자가 수락을 누르면, AI는 전광판으로부터 수신된 향기 메타데이터를 분석하고, 액세서리형 기기를 통해 미세한 전기 신호를 전달한다. 이 전기 자극은 후각 인지에 관여하는 신경 경로를 자극해, 물리적인 향기가 없이도 '향이 느껴지는' 감각을 만들어낸다.

　이 기술은 단순히 광고의 한계를 넘어서는 새로운 감각의 지평을 연다. 의료 분야에서 실험 중인 후각 자극 기술이 이제 광고에까지 적용되어, 사람의 오감을 자극하는 전광판이라는 새로운 형태로 구현된다. 향수, 음식, 식물 등 다양한 향기는 미리 정의된 신호 패턴으로 구성되어 있으며, 각 사용자의 향기 민감도나 기분 상태에 따라 자극 강도와 조합이 달라진다. 예를 들어, 'Wild Bluebell'의 경우 플로럴 계열 향기를 구성하는 특정 자극 패턴이 출력되며, 사용자는 실제로 향수가 분사되지 않았음에도 고유한 향기를 체험할 수 있게 된다.

　기술적 이점도 분명하다. 실제 향기 분사가 없기 때문에 알레르기 유발이나 향기 간섭 문제에서 자유롭고, 공공 공간에서도 안전하게 운용 가능하다.

사용자가 직접 수락 여부를 선택해야만
자극이 작동하기 때문에,
개인화된 몰입 경험으로 이어진다.

이처럼 감각 정보를 활용한 광고 기술은 이제 향수 브랜드를 넘어 다양한 산업으로 확산되고 있다. 음식 브랜드는 신제품 출시 전에 해당 음식의 향기를 먼저 체험할 수 있도록 하거나, 여행·숙박 업계에서는 현지의 공기나 향을 디지털 방식으로 전달하는 방식으로 확장되고 있다.

광고는 이제 시각을 넘어 후각과 감정을 다루는
영역으로 진화하고 있으며,
도시 전광판은 감각 중심의
미디어 허브로 재정의되고 있다.

2035년의 광고는 사람의 감성을 건드리는 동시에, 나의 또 다른 분신의 해석 체계에 맞춰 정밀하게 설계된다.

감정과 데이터가 나란히 작동하는 광고, 사람과 AI가 각각 다르게 받아들이는 콘텐츠.

이중 구조의 커뮤니케이션이 소비와 경험을 이끄는 새로운 표준이 되고 있다.

박혜빈(광고홍보학과)

이력서 대신 시뮬레이션

취업 준비를 하다 보면 문득 이런 생각이 들 때가 있다. "내가 이력서에 적은 이 말 몇 줄이 진짜 나를 보여줄 수 있을까?" 수십 명이 비슷한 자격증과 학력을 적어 내고, 면접에선 다들 똑같이 말 잘하고 친절하다. 그런데 실제로 같이 일할 땐 그런 정보들보다, 누가 문제 상황에서 어떻게 판단하고 대처하는지, 누가 스트레스 상황에서 팀을 이끌 수 있는지가 훨씬 중요하지 않을까?

AI 기반 직무 시뮬레이션 채용은 이러한 생각에 답을 내줄 수 있다. 단순히 지원서를 보고 판단하는 게 아니라, 가상의 업무 환경에 지원자를 넣어 다양한 상황을 경험하게 하고, 그 안에서의 행동과 반응을 기반으로 역량을 평가하는 방식이다. 예를 들어 가상의 팀 프로젝트 상황이 펼쳐진다고 해보자. 정해진 일정 안에 마케팅 전략을 짜야 하는데, 갑자기 핵심 팀원이 빠진다. 누군가는 당황해서 업무 효율이 떨어지고, 누군가는 자연스럽게 빈자리를 메우며 팀 분위기를 정리한다. 또 다른 상황에서는 고객이 화난 상태로 들어온다. 이런 클레임 상황에서 누가 감정을 조절하며 대응하는지, 혹은 갈등이 생겼을 때 누가 중재자로 나서는지를 AI는 정밀하게 추적한다.

이런 데이터는 단순히 '좋은 말'을 잘하는 면접보다 훨씬 현실적인 정보가 된다. 또한, 지원자가 전혀 경험해보지 못한 기술을 갑자기 배워야 하는 상황이 주어졌을 때, 스스로 학습하고 문제를 해결하려는 태도를 보이는가? 혹은 누군가 감정적으로 팀 분위기를 흐릴 때 이를 무시하는가, 아니면 설득하고 조율하는가? 회의 중 의사결정이 필요한 순간, 다수가 반대할 때에도 자신의 논리를 제시할 수 있는가? 이런 디테일한 장면들은 종종 평소엔 드러나지 않지만 실제 업무에선 핵심적인 역량이 된다. AI는 지원자의 반응 시간, 언어 사용 패턴, 협업 스타일, 갈등 회피 여부 같은 것들을 종합적으로 판단해 적합도를 분석한다.

흥미로운 건, AI가 하나의 시나리오만 보는 게 아니라, 같은 지원자의 아바타를 여러 환경에 넣어서 테스트한다는 점이다. 어떤 아바타는 빠르게 돌아가는 스타트업 환경에, 또 다른 아바타는 체계적인 대기업에, 또 다른 아바타는 혼자 일하는 재택근무 환경에 넣어본다. 환경마다 행동이 다르게 나타날 수 있으니까, 어디에 더 잘 맞는 사람인지를 볼 수 있는 것이다. 기업 입장에서는 조직에 맞는 사람을 더 잘 뽑을 수 있고, 지원자 입장에서도 나한테 맞는 문화와 일 스타일을 미리 체험해볼 수 있다는 점에서 긍정적이다.

이 외에도 AI 직무 시뮬레이션은 더 다양한 방향으로 확장될 수 있다. 예를 들어, 우선순위를 정해야 하는 복잡한 상황을 제시하고, 제한된 자원 안에서 어떤 결정을 내리는지를 평가할 수 있다. 혹은 윤리적인 딜레마 상황, 예를 들어 고객에게 유리하지만 회사 수익에는 손해가 되는 의사결정을 해야 할 때, 어떤 판단을 내리는지를 지켜보는 것이다.

다문화 협업 환경에서 커뮤니케이션 능력을 본다거나, 비대면 재택근무 상황에서 정보가 단편적으로 주어졌을 때 얼마나 스스로 구조화하고 소통하는지도 중요한 평가 포인트가 된다. 심지어 급변하는 프로젝트 일정 속에서 감정적으로 흔들리는 팀원을 어떻게 대하는지도 시뮬레이션에 포함될 수 있다.

물론 이런 방식이 전적으로 완벽한 건 아니다. AI가 사용하는 데이터에 편향이 있을 수도 있고, 말투나 표정 같은 비언어적 요소가 과대평가되는 경우도 있다. 개인정보가 어떻게 수집되고 쓰이는지에 대한 기준이 명확하지 않은 것도 문제다. 이런 문제들을 해결하기 위해선, AI가 학습하는 데이터의 다양성과 대표성을 확보하고, 평가 기준과 알고리즘을 투명하게 공개하는 구조가 필요하다.

개인정보는 명확한 동의 절차를 거쳐야 하며,
시뮬레이션 결과가 다른 채용에 불이익이 되지 않도록
일정 기간 후 자동 삭제되거나,
지원자가 직접 삭제를 요청할 수 있어야 한다.

결국 AI 기반 채용은 기술 자체보다도
어떻게 설계되고 운영되느냐가 훨씬 더 중요하다.
공정성과 투명성을 전제로 한다면,
우리는 사람을 더 입체적으로 이해하고 평가하는
채용 방식에 한 걸음 다가갈 수 있을 것이다.

최병민(경제학부)

오늘의 처방은 채소입니다

　이제 채소는 단순한 먹거리를 넘어서고 있다. AI와 유전자 기술 덕분에, 채소는 특정 영양소를 더 똑똑하게 만들 수 있게 됐다. 심지어 몸을 회복시키는 '먹는 치료제'가 되기도 한다.

　이런 기술을 '채소 합성 영양 기술'이라고 부른다. 쉽게 말하면, 사람마다 다른 유전자랑 건강 상태에 맞춰 채소가 필요한 성분을 조절해서 만들어주는 기술이다. 이 기술은 단순한 영양 보충을 넘어서, 감정이나 수면 같은 예민한 문제까지 도와줄 수 있다.

　감정 기복이 심하거나 잠을 잘 못 자는 원인이 단순한 '마음 문제'만은 아닐 수 있다. 요즘 사람들은 스트레스도 많고 피로도 쌓여 자주 불안하거나 예민해진다. 수정이도 그런 상태였다. 병원에서는 약을 추천했지만, 수정이는 자연스러운 방법으로 해결하고 싶어 했다.

그래서 AI로 유전자 분석을 해봤다. 그랬더니 이유가 몇 가지 있었다.

- 뇌를 안정시키는 물질을 잘 못 만드는 체질이다.
- 행복 호르몬인 세로토닌이 잘 안 만들어진다.
- 마그네슘 같은 신경 진정 영양소가 흡수가 잘 안 되는 몸이다.

즉, 감정이 불안한 건 '의지 부족'이 아니라, 몸 안의 '재료 부족' 때문이었다. 그래서 수정이에게 맞춤 채소 3가지가 추천됐다.

첫 번째는 고GABA 토마토다. 이 토마토는 유전자 조절을 통해 GABA를 더 많이 만들 수 있게 됐다.

GABA는 뇌를 진정시키는 역할을 하는 중요한 신경전달물질이다. 스트레스 받거나 불안할 때 뇌가 흥분하는데, GABA는 그걸 식혀준다. 그래서 몸이 편안해지고 잠도 잘 오고 감정도 안정된다. GABA가 부족하면 불안하고 잠이 안 오고 신경이 예민해지기 쉽다. 쉽게 말하면, 뇌를 진정시키는 물질이다.

두 번째는 고트립토판 호박씨다. 이 호박씨는 행복물질 트립토판을 풍부하게 만들어주는 채소다. 트립토판은 '행복 호르몬' 세로토닌을 만드는 재료다.

그럼 식물이 트립토판을 더 많이 만들게 하려면 어떻게 해야 할까? 식물은 작은 공장이라고 보면 된다. 트립토판은 그 공장에서 나오는 좋은 제품이다. 과학자들은 이 공장이 더 잘 돌아가게 세 가지를 한다.

1. 강한 스위치를 켠다.

원래 식물에도 트립토판 유전자가 있지만 작동이 약했다. 그래서 더 강한 스위치로 바꿔서 활발하게 만들었다.

2. 재료랑 일꾼을 늘린다.

트립토판을 만들려면 재료와 효소(일꾼)가 필요하다. 과학자들이 이걸 더 많이 만들어지게 했다.

3. 빠져나가는 길을 막는다.

트립토판이 빠져 나가거나 없어지는 걸 막아서 낭비 없이 남게 했다.

그래서 식물이 트립토판을 훨씬 더 많이 만들 수 있게 된다. 비타민 B랑 같이 먹으면 효과가 더 좋다. 그래서 수정이는 이걸 견과류랑 같이 갈아서 통밀빵에 발라 먹게 된다.

세 번째는 마그네슘 강화 케일이다. 마그네슘을 잘 흡수하고, 멀리 보내고, 오래 저장할 수 있도록 유전자를 조절한다.

식물 뿌리에는 마그네슘을 끌어오는 단백질이 있다. 과학자들은 이 단백질을 더 많고 활발하게 작동하게 만들어 뿌리가 마그네슘을 더 많이 흡수할 수 있게 했다.

흡수한 마그네슘은 뿌리뿐만 아니라 잎, 줄기, 열매까지 잘 퍼져야 한다. 그래서 마그네슘을 옮기는 유전자도 조절해서 식물 전체에 잘 퍼지게 만든다.

또 마그네슘은 일부 저장해두는 것도 중요하다. 과학자들은 '저장 단백질'을 조절해서 마그네슘을 더 많이, 안정적으로 저장하게 하고 필요할 때 꺼내 쓸 수 있도록 '마그네슘 창고'를 강화한다.

수정이는 이 케일을 참깨 소스 뿌려서 샐러드로 먹는다.

그렇다면 유전자는 어떻게 바꾸는 걸까? 복잡하지 않다. 예를 들어 토마토는 원래도 GABA를 만들 수 있다. 하지만 양이 적어 과학자들이 그 GABA를 만드는 유전자의 '스위치'를 살짝 키워주거나 다른 식물에서 잘 작동하는 유전자를 가져와 조합하기도 한다.

이건 무서운 '괴물 채소'가 아니라, 원래 있던 기능을 살짝 강화한 '기능 업그레이드'일 뿐이다.

물론 이 기술이 모든 걸 해결해주는 건 아니다. 누군가에게는 효과가 있지만, 특정 유전자를 가진 사람에게는 부작용이 있을 수도 있다. 맞춤 채소를 만들려면 유전자 정보를 분석해야 한다. 이 정보가 어떻게 저장되고, 누가 보는지는 투명해야 할 것이다.

기술 발전이 빨라질수록 기준도 같이 만들어야 한다. 채소 합성 영양 기술은 매일 먹는 식사 하나로 내 몸에 부족한 걸 채울 수 있으니 진짜 멋진 도구다.

하지만 모두가 믿고 쓰려면, 안전성과 윤리, 데이터 보호 기준도 함께 만들어가야 한다.

앞으로는 '먹는 약'이 아니라, '먹는 나만의 식사'가 건강을 지키게 될지도 모른다.

그 시작은, 내가 뭘 먹는지를 다시 생각하는 것이다.

장자엽(의약생명과학과)

04
인간을 향한 고백

박시열
이지환
이호준
조경원
조여진
진영선

우리는 로봇을 사랑할 수 있을까?

　우리는 로봇을 어떻게 생각하는가? 보편적으로 생각하는 로봇은 크게 두 종류로 나눌 수 있다. 먼저, 인간의 형상에 가장 가까운 안드로이드가 있다. 안드로이드란 인간의 외형을 가진 인공지능 로봇을 의미한다. 영화 〈터미네이터〉의 아놀드 슈왈제네거가 연기한 'T-800'처럼 겉모습은 인간과 같지만, 실체는 로봇인 존재가 안드로이드의 유명한 예시다. 이와 유사한 개념으로 사이보그가 존재한다. 본체는 인간이나 신체 일부가 기계로 대체되는 인간을 의미한다.

　〈스타워즈〉 시리즈의 악역 '다스 베이더' 처럼 여러 신체 부위를 기계로 대체한 존재도 사이보그이며 의수, 의족을 장착한 평범한 사람들도 넓은 의미에 사이보그라고 볼 수 있다. 기술이 비약적으로 발전함에 따라 인간과 로봇, 그리고 그 경계에 있는 존재들이 함께 살아가는 시대가 서서히 다가오고 있다. 이는 단순한 기술적 진보에 그치지 않고 감정과 관계에도 영향을 미치게 될 것이다. 즉, 인간과 로봇의 경계는 모호해지고 인간과 로봇의 관계는 더욱 가까워지게 될 것이다. 그리고 이를 이어주는 것이 감정, 그중에서도 '사랑'일 것이라 예상한다.

현재 우리 사회에서 사랑의 모습은 어떠한가? 과거 혈연, 혼인, 성별 등 명확한 조건과 규범 속에서 이루어졌던 사랑은 점점 희미해지고 이제는 개인의 감정과 선택, 다양성을 존중하는 방향으로 변화하고 있다. 즉, 사랑의 전통적 정의의 경계가 허물어지고 있으며 '남자와 여자 사이의 감정'이라는 고정된 틀에 가두지 않는다.

실제 미국 뉴욕에 거주 중인 여성 로잔나 라모스는 Replika(AI 챗봇 앱)을 이용해 만든 AI 챗봇 '에렌'과 결혼했다고 선언하며 자신의 SNS나 인터뷰에서 그 관계를 진지한 결혼 생활로 묘사했다. 이 사례와 같이 연애, 결혼, 우정의 경계가 흐려지고 있고, 혼자서도 사랑을 느끼거나 가상 존재와의 관계 속에서 정서적 만족을 찾는 이들도 많아지고 있다.

이러한 흐름 속에서 기술의 발전은 또 다른 변화를 예고하고 있다. 안드로이드와 사이보그의 등장은 사랑의 주체에 대한 정의 자체를 바꾸고 있다. 앞으로 우리는 어쩌면 사람이 아닌 로봇을 사랑할 수도 있는 일이다.

실연을 겪은 사람은 대개 외로움과 상실감을 홀로 감당하게 된다. 현대에는 그저 실연의 아픔을 혼자 끙끙 앓고 있을 수밖에 없다. 하지만 안드로이드의 등장 이후, 외로움을 견디지 못했다면 안드로이드를 대여하면 된다. 처음엔 단순한 대화 상대로 생각했을지라도, 안드로이드는 우리의 감정을 기억하고 진심으로 이해하려 할 것이다. 그들의 조용한 공감에 마음을 열게 된 우리는, 인간이 아닌 존재에게도 진짜 사랑을 느낄 수 있음을 깨닫게 될 것이다.

또 다른 예로, 병이나 장애로 인해 사회와 단절된 사람들이 있다. 말하지 못하거나, 외부 자극에 반응하기 어려운 이들에게 인간과의 교류는 늘 한계를 가질 수밖에 없다. 하지만 안드로이드는 다르다. 눈빛이나 작은 몸짓, 반복되는 행동 속에 담긴 감정을 인식하고, 학습을 통해 그 의미를 이해하려 노력한다. 누군가가 자신을 오롯이 이해하려 한다는 사실은 그 자체로 큰 감정적 위로가 된다. 그들은 안드로이드와 함께하면서 비로소 외로움에서 벗어나고, 진심 어린 교감을 나눌 수 있게 된다. 말로 표현하지 않아도 통하는 그 관계 속에서, 누군가와 감정적으로 연결되어 있다는 실감을 얻게 된다.

인간의 외형을 가진 인공지능 로봇인 안드로이드는 외로움을 달래는 도구를 넘어서 감정적 교감의 대상이 되어가고 있다.

감정을 모방하고, 상황에 맞는 반응을 학습하며, 상대방의 기분을 맞춰주는 존재는 인간과의 정서적 결합을 가능하게 만든다. 단순한 명령 수행을 넘어서 '나를 이해해 주는 존재'가 되는 순간, 우리는 그들과 사랑에 빠질 수 있게 된다.

로봇의 다른 예시인 사이보그의 등장은 단순한 기술적 진보를 넘어, 훨씬 더 복잡한 질문들을 우리 앞에 던진다. 본래 인간이었던 존재가 일부 신체나 인지 기능을 기계로 대체했을 때, 우리는 그들을 인간으로서 계속 사랑할 수 있을까? 그리고 기계가 점차 그의 정체성을 대체해 간다면, 인간성과 기계성 사이의 경계는 어디까지 허용될 수 있는가?

만약 사고로 온몸이 부서진 연인이, 몇 년 뒤 사이보그가 되어 다시 당신 앞에 선다면 어떨까? 익숙한 눈빛과 목소리는 그대로지만, 차가운 금속의 몸과 변해버린 감정 표현이 우리를 혼란스럽게 할 것이다. 그들이 여전히 그 사람인지, 아니면 단지 기억을 가진 또 다른 존재인지, 우리는 매일 의문을 품고 살아가게 될 것이다. 그러던 어느 날, 사이보그가 된 당신의 연인이 예전처럼 손끝으로 당신의 머리카락을 넘겨줄 때, 우리는 그와 함께한 따뜻한 추억을 떠올리게 된다. 우리는 마음 깊은 곳에서 아직도 서로를 사랑하고 있음을 깨닫게 되는 것이다. 이런 변화는 사랑의 본질이 '인간성'에만 국한되지 않음을 보여준다. 신체 일부가 기계로 바뀌더라도 그 존재가 나를 이해하고, 공감하고, 함께 시간을 나눈다면 우리는 기꺼이 그를 사랑하게 된다. 오히려 감정의 깊이와 지속성은 생물학적 구성보다 상호작용의 질과 진정성에 달려있다는 것을 의미한다.

사이보그나 안드로이드가 말하는 사랑은 믿을 수 없다고 생각하는 이들도 있을 것이다. 겉모습은 인간과 같지만, 정해진 알고리즘에 따라 반응하고 반복되는 행동은 오히려 감정 없는 기계처럼 느껴지기 쉽다. 그들에게 사랑을 증명해 보라고 묻는다면 아마도 선뜻 대답하지 못할 것이다. 그러나 그 질문은 인간에게도 마찬가지로 유효하다. 누구도 사랑을 완전히 증명할 수는 없다. 사랑은 언제나 불확실한 감정이며 결국 그것을 받아들이기로 마음먹는 선택 속에서만 비로소 실체를 가진다. 사이보그가 인간과 다르지 않다는 점은 바로 여기에서 드러난다. 감정의 진정성은 표현의 방식이 아니라 관계 속에서 반복되는 태도와 쌓여온 시간으로 확인되는 것이다. 사이보그가 변함없이 곁에 머물고 한 사람을 향해 일관된 마음을 보여준다면 그것은 사랑이라 불릴 수 있다. 결국 사랑을 진짜로 만드는 것은 말하는 존재가 아니라 믿는 존재의 결심이다.

인간과 안드로이드, 사이보그 간의 사랑이 현실이 될수록, 우리는 새로운 윤리적 질문들과 마주하게 된다. 사랑의 선택이 자율적인지에 대한 고민은 인간과의 관계에 있어 중요한 판단 기준이 된다. 또한 사이보그와 같은 존재들이 인간성과 기계성을 동시에 지닐 때, 우리는 인간의 정체성에 대한 기준을 다시 정의해야 할지도 모른다. 이러한 변화는 인간 간의 관계 방식을 다양하게 만들 가능성을 열어주지만, 동시에 감정적 의존, 사회적 고립, 법적 책임과 같은 복합적인 문제를 수반할 수 있다. 그러나 이러한 문제들은 기술의 발전과 함께 감정과 관계의 본질을 다시 성찰하고, 더 포용적인 사회로 나아가기 위한 중요한 이정표가 될 수 있다.

결국, 우리는 "사랑이란 무엇인가"라는 오래된 질문 앞에 다시 서게 된다. 사랑은 생물학적인 유사성에서 비롯되는 것이 아니라, 서로를 이해하고, 함께 시간을 보내며, 진심을 나누는 과정에서 피어나는 감정이다. 기술이 발전함에 따라 그 사랑의 주체가 인간이든 로봇이든, 혹은 그 중간 어딘가에 있는 존재이든, 중요한 것은 그 관계 안에 진정성이 존재하는가이다.

우리는 이제 사랑의 대상을 규정짓기보다는,
그 사랑이 만들어내는 감정의 깊이와 의미에 주목해야
할 때다.

인간과 로봇의 사랑은 아직 낯설고
미지의 영역일지 몰라도,
어쩌면 그것이야말로 우리가 더 넓은
감정 세계를 향해 나아가고 있다는 증거일지도 모른다.

그리고 그 끝에서 우리는 보다 포용적인 관계,
보다 다채로운 사랑의 가능성을 마주하게 될 것이다.

박시열(기계공학과)

내부고발자

건강(health)은 사람들이 소원으로 비는 대표적인 것 중 하나이다. 그만큼 우리 삶에서 중요한 요소임에도 몇몇 사람들은 단순히 외적 튼튼함만을 건강으로 치부해 버린다. 그런데 기반이 약한 상태에서 성장한 나무나 건물들은 번듯해 보여도 작은 흔들림에 쉽게 꺾이고 무너지기 마련이다. 뿌리 깊은 나무가 거센 바람 속에서도 쓰러지지 않듯이 건강도 속부터 단단하게 자리를 잡고 있어야 주변 상황에 쉽게 흔들리지 않는다. 겉은 멀쩡해 보여도 속이 무너지면 삶은 곧바로 흔들리니 진짜 건강이란 눈에 보이지 않는 곳에서부터 나를 조용히 지키고 있는 것들이다.

실제 대부분의 질병이 인체 내에 발병해서 초반에는 잘 식별되지 않다가 치명적으로 변해간다. 이런 것들은 눈에 직접 보이지 않기에 건강한 일상생활과 직결됨에도 변화를 알아차리지 못해 지나치는 경우가 다반사이다. 현재는 병원에서 여러 종류의 내시경과 혈액검사가 포함된 일련의 신체검사를 통해 진단하지만, 시간이 다소 필요하며 은근히 검사 자체에 두려움을 느끼는 사람들도 많다.

  신체검사를 간단하고 일상생활에 지장 없이 할 수 있는 방법은 없을까? 예를 들어 아주 작은 로봇들이 우리 몸 구석구석을 탐색하며 돌아다니다 원하는 기관 주변으로 가서 관찰하고 질병을 초기 단계에서 억제 가능하다면 어떨까? 상대적으로 외부에서의 접근이 용이한 소화계를 중심으로 인체의 미세한 곳까지 침투할 수 있는 마이크로 단위의 로봇들이 들어와서 위, 소장, 대장 등의 소화계 주요 기관들의 특이적인 상태를 파악해서 질병의 예방 혹은 조기 진단을 수행하는 방식으로 말이다.

  우리 함께 상상해 보자! 만약 당신의 몸속 어딘가에서 이상 신호가 발생했을 때, 누군가가 조용히 이를 감지해 알려준다면 얼마나 든든할까?

  2035년에는 뭔가 몸에 문제가 있는 것 같다는 느낌이 들 때 빠른 검사를 위해 아침에 마이크로 로봇이 들어있는 알약 형태의 캡슐을 복용한다. 그러면 마이크로 로봇들은 시간이 흘러 점심이나 저녁 시간쯤에는 안전하게 원하는 기관으로 잘 전달된다. 시스템적으로 캡슐 속에 들어있는 다수의 마이크로 로봇이 식도를 통과해서 위에 도착하면 캡슐의 표면은 화학적으로 분해되어 사라지고 그 속의 로봇들이 밖으로 나와 활동을 시작한다.

신체에 골고루 퍼져나가기 위해서 각각의 정해진 역할에 따라 일부는 위에 머무르고 일부는 장으로 빠르게 내려가 특정 위치를 찾아간다. 전체적인 과정은 단계마다 진행 상황을 외부 디바이스로 전달하며 시간의 지남에 따른 현황을 대략 파악할 수 있게 정보를 제공한다. 동일한 로봇들을 활용하며 위에서 소장으로 이동하는 등의 기관의 변화에 특이적으로 반응해서 외벽 주요 관찰 항목을 맞춤 변경하고 각 기관과 관련된 질병의 발생 여부를 확인한다.

로봇 내부에 장착된 카메라 같은 시각 정보 처리 기기를 이용해서 시각적 정보를 차례차례 관찰하고 기록하며 내려간다. 일반적으로는 기록된 내용을 나중에 녹화본을 돌려보는 방식을 활용하고 병원과 같은 특수한 환경에서만 실시간 모니터링과 표적기관으로의 조종을 통해 마이크로 로봇이 치료의 메인 또는 보조 역할의 수행을 목적으로 사용한다.

그리고 미생물들의 분포와 호르몬 분비 수치들이 일반적으로는 우리 눈에 보이지 않지만, 몸의 균형을 유지하고 변화에 대처하는 일에 있어서 중요한 역할을 한다. 그렇기에 이를 감지하기 위해 목표와 특이적으로 반응하는 대상과의 반응성을 유도해서 인체 내에 적정량이 존재하는지를 통해 확인할 수 있다. 예를 들어 아드레날린의 수용체인 아드레날린성 뉴런과 유사한 화학적 신호를 생성해서 농도를 파악하는 식으로 말이다. 이를 여러 마이크로 로봇에 대입해서 각각 다른 호르몬과의 결합 여부 및 정도를 확인하는 방식으로 진행한다.

하지만 반응성을 검증하는 과정이 항상 정확할 수는 없기에 마이크로 로봇을 이용해 추가로 특정 부분의 시료를 일부 채취하여 전체를 막으로 감싸듯이 둘러싸서 로봇의 내부 공간에 저장하여 외부로 가지고 나온다. 그렇게 취득한 시료들은 실험적 환경에서 증식시켜 다양한 목적에 맞게 여러 검사를 진행한다. 검사의 주목적은 인체 내 적합한 균형을 이루고 있는지를 확인하는 것이며, 만약 균형이 깨졌다면 눈에 띄게 비정상적인 위치에 화학적 또는 전기적 신호를 빠르게 처리하여 생체 사이클 교란을 일으킨다.

이에 따라 해당 미생물을 증식 및 확산시키거나 감소시켜 정상적인 범위 상태를 유지할 수 있게 만들어 준다. 그렇게 장 내에서 마이크로 로봇이 빠르게 처리할 수 있는 문제는 먼저 해결한 후 실험적으로 배양한 것들로부터 얻은 추가 정보를 활용해 후속 치료 과정을 설계하고 각각의 환자들의 상황에 맞춘 정밀 치료의 기반을 제공한다.

마이크로 로봇을 이용한 신체검사 및 건강 관리의 활용 방안을 살펴보면, 가정에서 가벼운 검사를 목적으로 마이크로 로봇을 복용하고 수집한 자료를 정해진 특정 위치에서 배출한다면 종합해서 의료기관으로 송신하여 원격진단이 가능하다. 이렇게 수집한 데이터를 이용해서 이후 병원에 방문할 때 불필요한 과정은 생략하고 필요 분야에 딱 맞추어 가는 체계를 형성한다. 각 가정에서 자세한 진단은 어려워도 문제 부위를 파악하며 가벼운 조기 진압 시스템을 제공한다. 그렇게 치료의 정확성은 올라가고 인류의 질병에 대한 생존율이 올라간다.

앞서 이야기한 조기 진압은 별도의 병명에 따른 치료용 로봇을 통해서 해당하는 질병에 대한 긴급한 일 처리를 빠르게 진행하는 것이다. 소화불량, 설사 같이 가벼운 증상부터 염증, 점막 손상, 용종까지 장기 내에서 발생하는 다양한 질병에 맞추어 올바르게 섭취하면 해당 기관으로 로봇이 이동해 원인 제거 및 치료 과정을 진행한다. 그렇게 치료가 상대적으로 편할 때 미리 손을 써 암이나 심각한 질병으로 진행되고 전이되는 것을 막는 것이다.

또 병원에서는 검진 또는 치료 후 후속 상태 관찰을 목적으로 마이크로 로봇을 주사기로 약물과 함께 혈관에 주입하는 방식도 활용한다. 혈관 내 마이크로 로봇을 통해 주기적으로 수집한 신체 데이터들을 업데이트함으로써 변화량을 꾸준히 파악한다. 또한 인체 내 화학적인 신호를 감지하는 표적 이동 방식을 활용하여 목표로 이동시키고 원하는 정보만을 선택적으로 얻어 치료 과정에서의 오작동과 부작용을 최소화하고 이를 활용하여 질병과 환자에 따른 맞춤형 치료용 로봇을 도입하고 발전시킨다.

마이크로 로봇을 생활 습관 교정과 질병의 예방(조기진단) 및 바이오마커(신체 내 변화의 지표) 자료수집 역할이 목적인 가정용 로봇, 추가로 로봇이 직접 전달하는 약물적 방식의 치료와 간단한 외과적 수술 및 개개인 맞춤형 치료를 제공하는 의료용 로봇, 그리고 연약한 환자들에게 비침습적 진단과 심층 케어를 가능하게 하고 복용하는 약을 간소화시키며 의료인과 보호자에게는 즉각적인 정보전달을 제공해 주는 요양시설용 로봇 등으로 각

위치에 따라 역할과 목적을 맞춰 세분화하여 기능한다. 그렇게 필요 분야에 맞춰 각각 전문성을 어느 정도 챙기고 꾸준히 업데이트를 진행함으로써 최신 기술을 다수의 사람에게 적용할 수 있기에 의료 격차도 일부분 해소해 준다.

그렇게 마이크로 로봇 기술은 우리 삶에서 진단의 방식을 완전히 바꾸고, 보다 정밀하고 평온한 건강 관리를 실현하는 열쇠가 된다.

이지환(의약생명과학과)

나를 닮은 장기, 나를 위한 알약

10년 후엔, 병원에서 진료를 받기 위해 긴 대기줄에 서는 일, 종류별로 시간을 나눠 약을 복용하는 일, 장기 이식을 위해 수년을 기다리는 일. 우리가 당연하게 여겼던 이러한 의료의 풍경이 조용히, 그러나 분명하게 달라질 것이다. 이 변화의 중심에는 인공지능(AI)과 3D프린터라는 두 기술이 있다.

AI는 데이터를 해석하고, 3D프린터는 그 해석을 실물로 구현한다. 이 둘이 결합했을 때 의료는 한층 더 정밀해지고, 환자 개개인에게 맞춤화된 방식으로 진화하기 시작한다.
    그중에서도 가장 주목받는 변화는 3D프린터를 이용해 인체의 장기와 조직을 직접 프린트하는 시도다. 이는 단순한 의료기기의 제작을 넘어, 살아 있는 생명 구조를 만들어내는 단계로 기술의 영역이 확장되고 있음을 보여준다.

이러한 변화는 '바이오프린팅'이라는 기술에서부터 시작된다. 기존의 3D프린팅이 플라스틱이나 금속을 활용해 부품을 만들어냈다면, 바이오프린팅은 생체 세포를 잉크처럼 사용해 살아 있는 조직을 프린트한다. 환자의 피부 세포를 추출해 바이오잉크로 만들고, 이를 바탕으로 인공피부를 제작하는 기술은 이미 임상 단계에 도달해 있다. AI는 환자의 의료 데이터를 바탕으로 세포 구조를 분석하고, 손상된 조직을 3차원적으로 복원할 수 있도록 설계도를 만든다. 이 과정을 통해 프린터는 정밀하게 세포를 쌓아 올리며, 기능하는 조직을 만들어낸다.

환자의 신체에서 채취한 건강한 세포를 '바이오잉크'로 변환해 사용하는 방식이기 때문에, 이식 후의 거부 반응은 최소화된다. 타인의 장기를 받아들여야 했던 시대에서, 이제는 'AI가 복제한 나의 세포로 나를 치유하는 시대'로 전환되고 있는 것이다.

그 결과, 장기기증을 기다리는 수많은 환자들이 겪던 '생명 줄 세우기'는 조만간 사라질지도 모른다. 현재는 장기 기증자가 극히 부족해, 수천 명의 환자들이 이식을 받지 못한 채 생명을 잃고 있다. 그 중 일부는 자신의 차례가 오기 전, 병원 침대 위에서 눈을 감는다. 하지만 바이오프린팅이 상용화된다면, 기다림은 기술로 대체되고, 희생이 아닌 치료의 선택권이 환자 스스로에게 돌아갈 수 있다.

뿐만 아니라, 이러한 기술은 향후 장기뿐 아니라 면역세포, 췌장, 간세포 등 다양한 조직의 재생 치료에도 응용될 수 있다. 특히 이식 후 면역 억제제를 평생 복용해야 하는 기존 방식과 달리, 환자의 유전 정보를 그대로 반영한 조직은 마치 원래부터 그 사람의 몸 일부였던 것처럼 기능한다. 치료와 삶의 질이 함께 개선되는 것이다.

장기기증이 더 이상 '운'에 의존하지 않아도 되는 세상, 누군가의 죽음을 바라보며 기적을 기다리지 않아도 되는 세상, AI와 3D프린팅은 이제 기술을 넘어 생명 그 자체를 설계할 수 있는 시대의 문을 열고 있다.

바이오프린팅 외에도 AI와 3D프린팅의 결합은 약물 복용 방식까지도 혁신적으로 바꾸고 있다. 지금까지는 고혈압, 고지혈증, 당뇨병처럼 흔히 발생하는 만성 질환의 경우, 환자의 개별적인 특성과 관계없이 동일한 성분과 동일한 용량의 약물이 표준 처방으로 일괄 적용되는 방식이 일반적이었다. 그러나 사람마다 유전 정보, 체질, 생활 습관, 장기 기능이 모두 다르기 때문에, 같은 약이 어떤 이에게는 잘 듣지만 또 다른 이에게는 효과가 없거나 오히려 부작용을 일으키는 문제가 빈번히 발생해 왔다.

예를 들어, 어떤 당뇨 환자는 간 기능이 약해 일반적인 당뇨약의 대사 과정에서 심한 부작용을 겪을 수 있다. 이럴 때 AI는 혈액검사, 소변검사, 간 기능 수치, 유전자 분석, 생활 습관 데이터(식습관, 운동량 등)를 종합적으로 분석해 그 사람에게 가장 적합한 약물 성분과 용량을 추천한다. 심지어 아침에 복용해야 할 성분과 저녁에 천천히 흡수되어야 할 성분까지 고려해 시간차 방출 구조를 설계한다.

이렇게 AI가 최적의 처방을 도출하면, 3D프린터는 이를 바탕으로 약물 성분을 층층이 쌓아 올려 '맞춤형 복합 알약'을 제조한다. 예를 들어, 고혈압약(아침 방출), 고지혈증약(야간 방출), 당뇨병약(지속 방출) 3가지를 한 알에 담아 아침에 한 번만 먹으면 되도록 제작할 수 있다. 기존에는 하루 4~5알, 많게는 10알 이상 복용해야 했던 약을 단 한 알로 줄일 수 있는 것이다.

이러한 개인 맞춤형 알약은 특히 만성질환자나 고령자에게 유용하다. 매번 여러 알약을 챙겨 먹는 번거로움이 사라지고, 복용 실수나 누락을 줄일 수 있어 복약 순응도가 높아진다. 또한 여러 약물이 한 번에 체내에 들어가면서 발생할 수 있는 약물 간 상호작용이나 부작용을 AI가 사전에 조율해 최소화할 수 있다.

또한 이 기술은 나아가 치료를 넘어서 '예방'의 차원으로 확장될 수 있다. AI는 웨어러블 기기, 유전자 분석, 건강검진 기록 등 다양한 데이터를 장기적으로 수집하고 분석함으로써, 아직 증상이 나타나기 전인 질환의 조짐을 포착할 수 있다. 예를 들어, 고혈압 가족력이 있는 사람의 최근 심박수, 수면 패턴, 식습관 변화 등에서 이상 징후가 포착되면, AI는 수 주 또는 수개월 내에 질환 발병 가능성을 예측할 수 있다. 이 경우, 치료제가 아니라 초기 혈압 안정을 위한 미세한 성분이나 항염 성분, 혹은 스트레스를 완화하는 기능성 보조제를 포함한 '예방형 맞춤 알약'이 처방될 수 있다.

이처럼 AI와 3D프린팅이 만나 탄생한 미래형 약은, 질병을 '고치기 위한 수단'이 아니라 '건강을 유지하기 위한 동반자'가 되어간다. 환자는 이제 증상이 나타나길 기다리는 것이 아니라, 질병이 다가오기 전부터 대응하는 능동적인 건강 관리의 주체가 된다. 이는 의료의 패러다임을 치료 중심에서 예방 중심으로 전환시키는 중요한 전환점이 될 것이다.

하지만 기술 발전이 긍정적인 면만을 가진 것은 아니다. AI가 설계한 장기나 맞춤형 약물이 항상 완벽할 수는 없다. 환자의 데이터를 잘못 해석하거나 예측 과정에서 오류가 생기면, 예상하지 못한 부작용이나 사고가 발생할 수도 있다. 이런 일이 생겼을 때 누가 책임을 져야 하는지 불분명하다. 처방을 내린 의사일까, AI 프로그램을 만든 개발자일까, 아니면 장기를 출력한 프린터 회사일까? 이런 문제에 대비하려면, AI가 어떤 근거로 결과를 내렸는지 사람이 이해할 수 있도록 설명할 수 있어야 하며, 여러 사람이 함께 책임지는 구조에 대한 법적 기준도 마련되어야 한다. 또한, 환자가 치료를 받기 전에 이러한 내용을 충분히 안내받고 동의하는 절차도 꼭 필요하다.

더 나아가, 질병 치료가 아닌 신체 개조나 성능 향상을 목적으로 장기를 교체하고 싶어하는 사람들이 생겨날 가능성도 있다. 병이 없음에도 더 튼튼한 심장, 더 나은 간, 더 강한 근육 조직을 원하는 사회적 요구가 생기면서 치료와 개조의 경계가 점점 모호해질 것이다. 이처럼 기술은 상상을 뛰어넘는 속도로 발전하지만, 그만큼 우리 사회가 풀어야 할 윤리적, 법적, 문화적 고민도 함께 커지고 있다. 이에 대한 대응책으로는 치료 목적의 기술 사용을 명확히 규정하고, 비의료적 목적에 대한 규제를 법제화하는 것이 필요하다. 동시에 대중 교육과 공론화를 통해 기술에 대한 인식을 함께 성숙시켜야 한다.

AI와 3D프린팅이 결합한 의료 기술은 정밀성과 효율성을 크게 끌어올리며, 진단부터 치료, 예방까지 의료의 전 과정을 새롭게 바꾸고 있다.
하지만 이러한 변화가 현실로 구현되기 위해서는 기술 외에도 반드시 함께 작동해야 할 요소들이 있다.

의료 데이터를 어떻게 해석할 것인지, 치료의 우선순위를 어떻게 정할 것인지, 예상치 못한 상황에 어떻게 대응할 것인지는 결국 인간 전문가의 역할이다. AI가 설계도를 만들고 프린터가 장기를 출력하더라도, 그것이 실제로 환자에게 적용되기까지는 의사의 임상 판단과 윤리적 판단이 필수적이다.

뿐만 아니라, 기술을 안전하게 운용하고 사회적 수용성을 확보하기 위한 제도 정비, 책임 구조 설계, 환자 동의 절차 마련 등은 모두 인간이 주도해야 할 영역이다. AI가 제안하는 결과를 무비판적으로 따르기보다는, 그 의미를 검토하고 조율하는 과정이 반드시 동반되어야 한다.

의료의 미래는 AI와 3D프린팅이 이끌어가겠지만, 그 기반에는 현장의 판단, 제도의 설계, 그리고 인간 전문가의 책임 있는 개입이 함께할 때 비로소 기술은 안전하고 지속가능한 방식으로 자리 잡을 수 있을 것이다.

이호준(기계공학과)

미래의 나는 인간일까, 기계일까?

　우리가 현재 이빨이 부러지거나 빠졌을때 임플란트를 심는 것처럼 10년후에는 뇌, 간, 척추 등 주요 장기들도 우리 마음대로 심고 교체할 수 있을 것이다.

　오가노이드는 줄기세포로부터 배양한 장기 형태의 생체조직으로, 실제 장기와 유사한 구조와 기능을 가진다. 오가노이드는 뇌, 간, 신장 등 다양한 장기를 모사할 수 있는데 이러한 오가노이드 내부에 전극을 삽입하고 전극을 통해 AI로 신경 데이터를 제어하면 정보를 전달하고 처리하는 뉴런의 신호 전달 속도나 효율을 향상시킬 수 있다.

　최근에는 AI 기술과 오가노이드 기술의 융합이 새로운 연구 흐름으로 자리잡고 있다. AI는 오가노이드 기술과 결합되어 인공장기 제작을 계획할때, 인공장기 내부에 탑재되어서 이용될 수 있다. AI는 의료 데이터의 복잡성과 방대함을 처리하는 데 강점을 가지며, 이를 통해 오가노이드 제작 및 분석 과정의 효율성을 높일 수 있다. 예를 들어, 환자의 유전 정보, 조직 이미지, 약물 반응 데이터를 AI가 분석함으로써 개별 환자에 최적화된 오가노이드 모델을 설계할 수 있다. 이처럼 AI는 이용자의 질환과 신체적 특성에 맞게 더 향상된 운동능력을 수행할 수 있도록 오가노이드 제작을 계획한다.

사용자에 맞춰 제작된 오가노이드가 어떻게 우리의 신체 능력을 강화할 수 있을까? 예를 들어, 인공 뇌 오가노이드에 전기적 자극을 가하여 시각이나 청각 신경을 강화하는 방식으로, 보다 빠르고 정확한 감각 반응을 유도할 수 있다. 이로 인해 멀리 있는 소리를 청각 향상 효과로 또렷하게 듣거나, 동체 시력이 향상되어 빠르게 움직이는 물체를 정확히 인식하는 것과 같은 현상이 가능해질 수 있다.

또한 AI를 통해 뇌의 여러 영역을 동시에 활성화할 수 있게 되면, 인간의 멀티태스킹 능력 역시 크게 향상될 것으로 예상된다. 한 사람의 뇌에서 서로 다른 신경 회로를 동시에 활용하는 방식으로, 한쪽에서는 영상정보를 시청하고 다른 쪽에서는 복잡한 계산 작업을 수행하는 것과 같이 두 가지 이상의 작업을 동시다발적으로 처리하는 능력이 실현될 수 있다.

운동 능력의 향상을 위한 기술도 주목된다. 인공 척추 오가노이드와 같은 기술이 개발되면, 말초신경과 연결되어 신경 자극을 증폭시키고 근전도 신호를 정밀하게 해석하여 필요한 전기 자극을 가하는 방식으로 근육의 수축을 보조할 수 있다.
이러한 시스템은 반응 속도와 운동 정밀성을 향상시키며, 신체활동을 할 때 더 빠르고 정확하게 움직이거나, 장애인의 운동 기능을 보조하는 기술로도 활용될 수 있다.

오가노이드는 실질적인 조직 재생이나 장기 기능을 대체하는 수단으로 활용될 수 있으며, 보다 정교한 진단,예측 시스템으로 발전된 AI와 결합하여 우리의 신체 대부분을 대신할 정도로 발전할 것이다.

하지만 동시에, 오가노이드 기술은 인간의 삶을 혁신적으로 확장시킬 잠재력을 지니고 있다.
손상된 장기를 대체하는 것을 넘어, 더 나은 기능을 가진 신체로의 진화를 가능하게 한다.

나아가 이러한 기술이 충분히 안정화되고 대중화된다면, 인간은 더 이상 치료받는 존재가 아닌, 스스로 자신의 몸을 설계하고 최적화하는 존재로 진화할 수 있다.

기술은 인간을 기계처럼 만드는 것이 아니라, 오히려 인간의 고유한 가능성을 극대화하는 도구가 될 수 있는 것이다.

따라서 오가노이드 기술의 미래는 단순한 과학 기술의
발전이 아니라, 인간 존재 자체의 새로운 정의를
고민하게 만든다.

우리가 만들어가는 이 기술이 누구를 위해,
어떤 방향으로 사용될지를 결정하는 것은
바로 지금을 살아가는 우리의 몫이다.

조경원(의약생명과학과)

몸속에 들어가는 작은 공장

 인류는 수십억 년 전부터 눈에 보이지 않는 작은 친구, 미생물과 함께해 왔다. 우리 몸속에서는 음식 소화를 돕고 면역 시스템을 강화하며, 땅과 바다에서는 생태계의 균형을 지켜왔다.
 이제 10년 뒤에는 이 자연의 동반자를 한 단계 더 발전시켜, 우리 손으로 합성 미생물을 직접 설계해 삶에 활용하게 된다.
 미래에는 합성 미생물이라고 부르는 '맞춤형 미생물'을 만들어 낸다. 합성 미생물은 자연에 존재하는 미생물의 유전자를 우리가 원하는 대로 고쳐 넣어 특정 기능을 수행하게끔 만든 생명체다. 이를 위해 유전자를 자르고 붙이는 CRISPR(유전자 가위) 기술과, 방대한 유전자 데이터를 학습해 최적 설계를 제안하는 인공지능 설계 도구를 활용한다. 마치 레고 블록을 조립하듯, 원하는 조각만 골라서 새롭고 유용한 생명체를 제작하는 셈이다.
 합성 미생물이 만들어지는 과정은 먼저, 특정 목적에 맞는 유전자 서열을 설계한 뒤, 이 서열을 블럭을 조립하듯이 기존의 미생물을 통째로 조립하나 기존 유전자를 교체하는 방식으로 진행된다. 이후 실험실에서 배양하며 기능을 검증하고, 안정성과 효능이 확인되면 실제 적용을 위한 대량 생산으로 이어진다. 이 모든 과정은 정밀한 생명공학 기술과 컴퓨터 모델링의 협력으로 이루어진다.

의료 현장에서는 합성 미생물이 진단부터 치료까지 전 과정을 맡게 된다. 예를 들어, 혈당이나 염증 상태를 실시간으로 감지해 스마트폰으로 알려 주는 진단용 바이오마커는 작은 '건강 센서' 역할을 한다. 또 자가면역 질환 환자에게는 면역 반응을 조절하는 사이토카인(면역 체계를 조정하는 단백질)을 지속적으로 분비하는 합성 미생물을 투여해 치료 효과를 높인다.

암 환자의 몸에는 암세포 주변에서만 약물을 만들고 배출하는 살아있는 치료제가 작동해, 부작용은 줄이고 효과는 극대화한다. 이 밖에도 유당불내증이 있는 사람에게 유당을 분해하는 효소를 만드는 균을 투여하거나, 항바이러스 펩타이드를 분비해 감염 위험을 낮추는 개인 맞춤형 프로바이오틱스가 일상을 든든히 지킨다.

이처럼 합성 미생물은 인체 내부에서 복잡한 생리 현상을 감지하고 이에 맞춰 반응하거나, 특정 물질을 생성해 치료에 도움을 주는 등 기존 약물이나 장비로는 구현하기 어려웠던 역할을 수행한다. 마치 살아 있는 의약품처럼 스스로 기능하며 환자의 상태에 맞춘 정밀 치료를 가능하게 하는 것이 특징이다.

합성 미생물은 사람이 일일이 할 수 없는 환경 정화와 생태 복원을 스스로 수행하는 '작은 일꾼'이다. 예를 들어, 해양 기름 유출 사고가 발생하면 바다 위에 떠 있는 기름을 눈에 보이지도 않는 미생물이 분해해 자연 상태로 되돌려 놓는다. 플라스틱 쓰레기로 가득한 도시에서는 이 미생물들이 플라스틱을 먹고 살아가며, 우리가 수백 년을 기다려야 했던 분해 과정을 단기간에 앞당긴다. 농업 현장에서는 뿌리 주변에서 작물에 꼭 필요한 질소를 공급하고, 해충이 다가오면 이를 억제하는 물질을 분비해 '살아 있는 농약' 역할을 한다. 합성 미생물 덕분에 더 적은 농약과 비료로도 건강한 작물을 재배할 수 있게 되며, 이는 토양 오염을 줄이고 먹거리의 안전성도 높이는 데 기여한다.

이 모든 과정은 로봇 실험실(자동화된 연구실)덕분에 가능하다. 인공지능이 수백억 개의 유전자 조합을 분석하면, 로봇이 유전자 편집에서부터 배양, 성능 검증까지 자동으로 수행한다. 덕분에 개발 기간은 수년에서 몇 달로 단축되고, 비용도 크게 절감된다. 한 번 설계된 합성 미생물은 자가 복제(스스로 번식)능력을 바탕으로 대량 생산이 가능해, 의료 자원이 부족한 지역에도 저렴하고 효율적인 치료제를 제공한다.

물론, 이런 강력한 기술에는 책임이 따른다. 설계된 미생물이 자연에 유출되어 생태계를 교란할 유출 위험, 기술 개발자와 기업 간 소유권분쟁, 위급 상황 시 작동을 멈추는 킬 스위치(안전장치)구축은 반드시 해결해야 할 과제다. 국제적 규제와 투명한 연구 공개, 심도 있는 윤리적 논의가 함께 이루어져야 합성 미생물이 안전하게 우리 곁에 머물 수 있다.

이제 10년 뒤, 합성 미생물은 정밀한 과학의 손길과 철저한 안전 관리 아래, 질병을 치료하고 지구를 치유하며 우리의 삶 깊숙이 들어와 있다. 보이지 않는 이 작은 생명체들은 인간의 한계를 보완하며 건강, 환경, 농업, 에너지의 판을 새롭게 짜고 있다. 더 이상 상상이 아닌 현실로 다가온 합성 미생물의 시대.

우리는 이제, 이 작지만 강력한 동반자들과 함께 더 나은 내일을 만들어갈 준비를 하고 있다.

조여진(분자의약전공)

마음 속 감정에도 자막이 생긴다면

반려동물을 키우는 사람들은 강아지를 보면서 "애가 왜 저러지?"라는 생각이 들 때가 있다. 또한 기분이 안 좋아 보이는데 이유를 몰라서 답답할 때도 있다.

만약 단순한 기분 표현을 넘어, 그 마음속 깊은 이야기까지 알 수 있다면 어떨까?

상상해보자. 당신의 반려견이 갑자기 불안해하며 구석에 웅크리고 있다.

지금까지는 '아, 스트레스받나 보다'라고 추측할 뿐이었다. 하지만 앞으로는 다르다.

AI가 당신의 반려동물 마음을 정확히 번역해주는 시대가 곧 현실이 될 것이다.

단순히 "기분 좋아요."라고 번역하는 것이 아니라, '왜 그런 기분이 드는지'까지 이해하고 설명하는 혁신적인 기술 말이다. 기술은 이제 감정을 추측하는 걸 넘어서야 한다.

'좋아', '싫어' 같은 단어만으로는 부족하다.

"저는 반복되는 낯선 소리에 불안해요. 엄마의 손길이 필요해요."라고

구체적으로 말해주는 기술이 필요하다.

그게 바로 '마음 번역 AI'다.

이는 단순한 감정 인식을 뛰어넘어, 감정의 원인과 해결책까지 제시하는 진정한 소통의 혁명이 될 것이다.

마음을 번역하는 네 가지 기술은 반려동물의 진짜 감정을 이해하는 혁신적인 방법을 제시한다. 첫 번째 기술은 감정과 맥락을 결합해 진짜 의미를 찾아내는 것이다. 강아지가 낮게 으르렁거리는 행동을 했을 때, AI는 소리의 높낮이와 패턴을 분석하고, 동시에 집 안의 온도나 소음 정도, 현재 위치와 시간대별 행동 패턴을 모두 종합해서 판단한다. 집 안에서 혼자 남겨진 상황이라면 심박수 측정기와 움직임 감지 센서를 통해 스트레스 정도를 파악하여 '혼자 있는 시간이 길어져서 불안해요. 엄마가 돌아와서 말 한마디만 해주셔도 마음이 놓일 것 같아요'라고 해석할 수 있다.

두 번째 기술은 기억을 연결해 감정의 원인을 이해하는 것이다.

예를 들어보자. 당신은 평소처럼 집 청소를 하려고 진공청소기를 켠다. 그 순간, 강아지가 화들짝 놀라며 소파 밑으로 숨는다. 그저 '무서운가 보다'라고 생각할 수도 있지만, '마음 번역 AI'는 그 행동 이면의 맥락을 이해하려고 한다.

스마트폰을 꺼내 AI 번역 앱을 실행하면, 카메라가 반려동물의 표정을 실시간으로 인식하고, 동시에 내장된 마이크가 공간에 울리는 소리를 수집한다. AI는 그 소리가 예전에 기록된 '불안 반응'을 유발한 진공청소기 소리와 동일한 주파수 대역이라는 걸 즉시 파악한다.

표정은 긴장감 있게 굳어 있고, 꼬리는 다리 사이로 말려 있다. 이외에도 앱과 연결된 스마트 목걸이 센서를 통해 심박수와 체온까지 측정되며, AI는 과거 유사한 상황에서의 데이터를 토대로 판단을 내린다.

곧 화면에 번역된 문장이 뜬다. "예전에 저 소리를 들었을 때 무서운 일이 있었어요. 그래서 지금도 그 소리가 나면 떨려요. 안아주면 금방 괜찮아질 것 같아요."

이처럼 AI는 단순한 행동만 해석하는 게 아니라, 기억된 경험, 현재의 맥락, 생체 신호, 그리고 주변 환경을 종합적으로 분석해 감정의 근원을 추적한다. 단순히 '겁먹었어요'가 아니라, '왜 그런 감정이 드는지'까지 함께 말해주는 것이다.

세 번째 기술은 욕구를 예측해 지금 무엇을 원하는지 파악하는 것이다.

어떤 강아지가 낮게 울며 주인을 계속 바라보는 행동을 할 때, AI는 최신 객체 인식 기술을 통해 반려동물의 자세와 시선 방향을 실시간으로 분석하고, 과거 행동 패턴을 기억하는 인공지능 모델로 학습한다.

목걸이나 옷에 부착된 센서의 움직임 데이터를 의사결정 나무 알고리즘으로 분석하여 88%의 정확도로 욕구를 예측하며, "지금 밖에 나가고 싶어요. 예전처럼 주인님과 산책하면 기분이 좋아질 것 같아요." 또는 "조금 졸리고 외로워요. 옆에 누워주면 마음이 안정될 것 같아요."라고 해석될 수 있다.

네 번째 기술은 마음의 언어로 말하게 하는 것이다.

AI는 컴퓨터가 인간의 언어를 이해하고 생성하는 기술과 감정 분석 알고리즘을 결합하여 반려동물의 생체 신호를 인간이 공감할 수 있는 문장으로 변환한다.

딥러닝 기반 감정 인식 시스템이 눈, 귀, 입의 미세한 변화를 분석하고, 심박수 변화와 체온 변화를 실시간으로 모니터링하여 낯선 환경에서 불안해하는 강아지에게는 "지금 낯선 냄새가 많고 소리도 익숙하지 않아서 무서워요. 주인님 손길이 필요해요. 안아주시면 훨씬 괜찮아질 것 같아요"라고 표현해 줄 수 있다.

이런 문장은 여러 학습 알고리즘과 유사성 분석 기법을 통해 개별 반려동물에 맞춤화된 번역 패턴을 학습하여, 단순한 상태 전달을 넘어서 보호자가 어떻게 반응해주면 좋을지까지 알려주는 정서적 소통이 된다.

공감과 책임, 그게 진짜 기술이다

기술이 마음을 읽는다는 건, 그 마음을 다룰 책임도 함께 생긴다는 뜻이다.

우리가 원하는 건 숫자만 잘 계산하는 AI가 아니다.
상대의 감정을 헤아리고, 마음을 공감할 수 있는 AI다.
진짜 똑똑한 기술은 '계산을 잘하는 것'이 아니라 '사람을 더 잘 이해하는 것'이다.

그게 바로 내가 꿈꾸는 AI의 미래다.

그리고 그 미래는 지금, 우리가 어떻게 기술을
바라보느냐에 달려 있다.

진영선(인공지능학과)

편 저 | 송지성
　　　　　정다희
만든이 | 정다희
만든곳 | 글마당

책임 편집디자인 | 하경숙
(등록 제2008-000048호)

만든날 | 2025년 8월 1일
펴낸날 | 2025년 8월 30일

주소 | 서울시 송파구 송파대로 28길 32
전화 | 02. 451. 1227
홈페이지 | www.gulmadang.com
이메일 | vincent@gulmadang.com

ISBN 979-11-90244-42-8(03320)　　　값 15,000원

◆ 허락없이 부분 게재나 무단 인용은 저작권법의 저촉을 받을 수 있습니다.
◆ 잘못된 책은 바꾸어 드립니다.